영어 리딩 학습의 최종 목표는 논픽션 독해력 향상에 있습니다.

학년이 올라갈수록 영어 시험 출제의 비중이 높아지는 논픽션. 우리는 논픽션 리딩을 통해 다양한 분야의 어휘와 지식을 습득하고 문제 해결 능력을 키울 수 있습니다. 또한 생활 속 실용문과 시험 상황의 복잡한 지문을 이해하고 분석하며, 나에게 필요한 정보를 추출하는 연습을 할 수 있습니다. 논픽션 독해력은 비판적 사고와 논리적 사고를 발전시키고, 영어로 표현된 아이디어를 깊이 있게 이해하고 효과적으로 소통하는 언어 능력을 갖출 수 있도록 도와줍니다.

미국교과서는 논픽션 리딩에 가장 적합한 학습 도구입니다.

미국교과서는 과학, 사회과학, 역사, 예술, 문학 등 다양한 주제의 폭넓은 지식과 이해를 제공하며, 사실을 그대로 받아들이는 능력뿐만 아니라 텍스트 너머의 맥락에 대한 비판적 사고와 분석 능력도 함께 배울 수 있도록 구성되어 있습니다. 미국 교과과정 주제의 리딩을 통해 학생들은 현실적인 주제를 탐구하고, 아카데믹한 어휘를 학습하면서 논리적 탐구의 방법을 함께 배울 수 있습니다. 미국교과서는 논픽션 독해력 향상을 위한 최고의 텍스트입니다.

탁월한 논픽션 독해력을 원한다면
미국교과서 READING 시리즈

1. 미국교과서의 핵심 주제들을 엄선하여 담은 지문을 읽으며 **독해력**이 향상되고 **배경지식**이 쌓입니다.

2. 가지고 있는 지식과 새로운 정보를 연결해 내 것으로 만드는 **통합사고력**을 기를 수 있습니다.

3. 꼼꼼히 읽고 완전히 소화할 수 있도록 하는 수준별 독해 훈련으로 **문제 해결력**이 향상됩니다.

4. 기초 문장 독해에서 추론까지, 학습자의 **수준별로 선택하여 학습**할 수 있도록 난이도를 설계하였습니다.

5. 스스로 계획하고 점검하며 실력을 쌓아가는 **자기주도력**이 형성됩니다.

Author **Contents Tree**

Contents Tree serves as a distinguished English education laboratory devoted to supporting both English instructors and students. With years of experience in developing English programs, Contents Tree is committed to publishing a variety of teaching materials, including detailed manuals tailored for instructors, all aimed at enhancing the learning experience for students.

미국교과서 **READING LEVEL 5 ❸**
American Textbook Reading *Second Edition*

Second Published on March 11, 2024
First Published on June 19, 2015

Written by Contents Tree
Editorial Manager Namhui Kim
Development Editors Songhyun Park, Heeju Park
Proofreading Ryan P. Lagace
Design Sanghee Park, Hyeonsook Lee
Typesetting Yeon Design
Recording Studio YR Media
Photo Credit Photos.com, Shutterstcok.com

Published and distributed by Gilbutschool

56, Worldcup-ro 10-gil, Mapo-gu, Seoul, Korea, 04003
Tel 02-332-0931
Fax 02-322-0586
Homepage www.gilbutschool.co.kr
Publisher Jongwon Lee

ISBN 979-11-6406-700-8 (64740)
          979-11-6406-697-1 (set)
(Gilbutschool code : 30571)

R
READING

미국교과서 리딩

LEVEL 5 ③

길벗스쿨

1

미국 교과과정 핵심 주제별 배경지식과 어휘를 학습합니다.

과학, 사회, 역사, 수학, 문학 등 미국 초등 교과과정의 필수 학습 주제를 선별하여 구성한 지문을 읽으며 논픽션 리딩 실력의 기틀을 마련하고 배경지식과 관련 어휘를 습득할 수 있습니다.

2

장문 독해 연습으로 주제에 대해 더욱 깊이 이해하고 구조화하는 고급 독해력을 기릅니다.

장문 독해는 주제의 다양한 측면을 탐구하고, 정보를 구조화하여 효과적으로 파악하는 능력을 강화하는 데 도움이 됩니다. 긴 텍스트를 읽고 분석·정리하는 과정에서 핵심 개념과 주요 아이디어를 시각화하고, 리딩스킬을 활용하는 능력을 기를 수 있습니다.

3

정확한 내용 이해에 도움을 주는 문법 요소를 학습합니다.

지문 속 주요 문법 요소 학습을 통해 문장의 구조를 파악하고 문맥을 이해하는 능력이 향상됩니다. 바른 해석과 정확한 문제 풀이로 독해에 더욱 자신감이 생깁니다.

4

Level Up 유형으로 상위권 독해 문제에 도전하여 문제 해결력을 높입니다.

추론, 문장 삽입, 의도 파악 등 영어 시험에서 오답률이 높은 상위 수준의 문제 유형을 도입하여 더 도전적인 난이도를 제공하였습니다. 깊이 있는 사고력을 요구하는 문제를 풀며 다양한 관점에서 문제를 바라볼 수 있는 시야를 기르고 더 높은 수준의 독해력을 기르게 됩니다.

5

2단계에 걸친 Summary 활동으로 핵심 어휘를 복습하고 내용을 정리하는 훈련을 통해 통합적 사고력을 기릅니다.

핵심 내용을 식별하고 시각적으로 정리함으로써 문단 간의 관계와 글의 구성 및 흐름을 파악하는 리딩스킬이 향상됩니다. 요약 활동을 통해 정보를 효과적으로 전달하는 능력과 학습한 어휘를 활용하는 능력이 향상됩니다.

Week 1

| UNIT 1 | UNIT 2 | UNIT 3 | UNIT 4 | UNIT 5 | UNIT 6 |

Week 2

| REVIEW TEST | UNIT 7 | UNIT 8 | UNIT 9 | UNIT 10 | UNIT 11 |

Week 3

| UNIT 12 | REVIEW TEST | UNIT 13 | UNIT 14 | UNIT 15 | UNIT 16 |

Week 4

| REVIEW TEST | UNIT 17 | UNIT 18 | UNIT 19 | UNIT 20 | REVIEW TEST |

이 책의 구성과 학습법

Before Reading

논픽션 주제와 관련된 이미지를 보고 간단한 배경지식 확인 활동을 통해 글의 내용을 예측합니다.

Warm Up
▶ 글의 제목과 사진을 통해 내용을 예측하고, 지문 속에서 학습하게 될 리딩스킬을 미리 확인합니다.

Check Your Background Knowledge
▶ 주제에 관련된 문장을 읽고, 문맥에 알맞은 말을 찾아보며 이미 가지고 있는 배경지식을 활성화합니다.

Reading

미국교과서 핵심 주제의 논픽션 글을 읽으며 교과 지식과 독해력을 쌓습니다.

Comprehension Checkup
▶ 글을 정확하게 이해했는지 다양한 문제로 확인합니다.

QR코드를 스캔하여 정확한 발음 확인하기

Reading Passage
▶ 음원을 들으면서 중심 내용과 세부 내용을 파악하고, 강조 표시된 중요 단어의 의미를 떠올립니다.

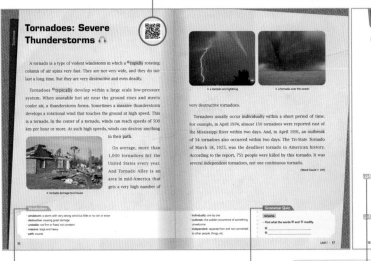

Vocabulary
▶ 지문 속 중요 단어를 듣고, 영영 풀이와 본책 맨 뒤의 단어리스트를 활용하여 의미를 확인합니다.

Grammar Quiz
▶ 간단한 문법 확인 문제를 통해 문장 속 문법 요소의 쓰임을 확인합니다.

Level Up
1) 추론, 문장 삽입, 글의 의도 파악 등 깊이 있는 사고력을 요하는 문제 유형을 통해 상위권 독해 문제를 경험합니다.
2) 읽은 내용을 한두 문장으로 요약하는 쓰기 활동을 통해 핵심 내용을 추출하고, 그 내용을 효과적으로 전달하는 문장 구성 연습을 합니다.

단어와 문법 요소를 점검하고,
전체 내용을 요약하며 정리합니다.

A Vocabulary

문장 단위에서 앞에
서 학습한 어휘의
쓰임을 점검합니다.

B Grammar

앞에서 학습한 문법
요소를 익혀 문장을
바르게 해석할 수 있
도록 합니다.

A Organization

도식을 통해 글의 흐름
과 구조를 파악하고, 정
보를 논리적으로 정리
할 수 있도록 합니다.

B Summary

알맞은 단어를 채워
요약문을 완성하며
글의 내용을 통합하여
정리합니다.

Review

4개 유닛마다 주요 단어의
쓰임과 문법을 복습합니다.

Workbook

배운 단어의 영영
풀이와 문법을
복습합니다.

〈권말 부록〉 단어리스트

무료 온라인 학습 자료 길벗스쿨 e클래스(eclass.gilbut.co.kr)에 접속하시면 〈미국교과서 READING〉
시리즈에 대한 상세 정보 및 부가학습 자료를 무료로 이용하실 수 있습니다.

① 음원 스트리밍 및 MP3 파일 ② 추가 워크시트 5종 (단어 테스트 2종, 해석 테스트, 문장 쓰기, 지문 완성하기)
③ 복습용 온라인 퀴즈 (단어 퀴즈, 내용 확인 퀴즈)

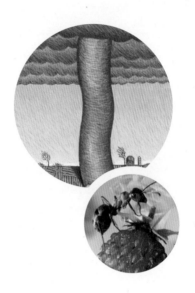

Part 3 Language Arts & Math

SUBJECT	UNIT	TOPIC	VOCABULARY	GRAMMAR
SCIENCE	01	**Weather and Climate**	windstorm, destructive, unstable, massive, path, individually, outbreak, independent	Adverbs
	02	**Environment**	convenient, trap, excess, fertilizer, agriculture, decay, seep, reusable	The verb *make*
	03	**Living Things**	pole, northernmost, southernmost, mass, enclose, comprise, elsewhere, insulating	Adjectives that indicate numbers
	04	**Plants**	role, anchor, absorb, mineral, straight, fibrous, trunk, web	Passive voice
	05	**Animals**	trait, colony, ruler, mate, life span, defend, raid, enlarge	Gerund
	06	**The Solar System**	dense, gravity, inward, collapse, galaxy, locate, astronomer, observe	Auxiliary verb *can*
	07	**Geology**	documented, motion, vibration, boundary, tremendous, impact, withstand, destruction	Prepositions: *with, from, against, under*
	08	**Matter**	element, microscope, arrange, property, knowledge, physical, appearance, chemical	Adjectives vs. Adverbs
SOCIAL STUDIES	09	**Earth's Physical Geography**	scale, breathtaking, approximately, layer, elevation, roam, remote, designate	Relative adverb *where*
	10	**World History**	exhibition, skyscraper, intermediate, critic, elegant, competition, tear down, opt	Verbs that require an object
	11	**American History**	laboratory, instrument, employer, stand for, take part in, conduct, admire, funeral	Past participle

SUBJECT	UNIT	TOPIC	VOCABULARY	GRAMMAR
SOCIAL STUDIES	12	**Figures in American History**	pioneer, machinery, vision, transportation, reliable, appeal, manufacture, industrialist	Present participle
	13	**World History**	prosperous, cinder, inhabitant, seal, belongings, excavation, archaeologist, take charge of	Omitting 'relative pronoun+be verb'
	14	**Natural Disasters**	foreshock, devastation, buckle, victim, debris, derive, catastrophic, analysis	Relative pronouns
	15	**Environment**	endangered, gunpowder, threat, treaty, organization, illegal, take action, cooperation	Relative pronoun *that*
	16	**Culture**	belief, constellation, hemisphere, territory, federal, district, former, unity	Subject-verb agreement in a relative clause
LANGUAGE ARTS	17	**Fiction**	faint, weep, swear, hoist, riverside, remind, promise, pass by	Past perfect
	18	**Folktale**	firewood, spirit, duty, insist, breeze, tremble, thaw, argue	Gerund vs. Present participle
MATH	19	**Fractions**	fraction, note, based on, throughout, concise, surgeon, measure, ingredient,	if clause
	20	**Numbers**	furry, stare, application, interrupt, tricycle, judge, shrug, pack	Verb tense

핵심 대주제를 하위 단계에서부터 반복하여 다루며, 점진적으로 내용이 발전되도록 구성하였습니다.
연계 단원으로 가서 배경지식을 확인하고 복습할 때 활용하세요.

	Unit Title	Linked Units	TOPIC
01	Tornadoes: Severe Thunderstorms	Level 5-2 Unit 1 Severe Weather	Weather and Climate
02	Different Types of Pollution	Level 5-1 Unit 15 Good Citizens	Environment
03	Life in the Polar Regions	Level 5-2 Unit 20 They Travel in Fives	Living Things
04	What Roots Do	Level 3-1 Unit 2 Plants	Plants
05	Ants Are Social Insects	Level 4-1 Unit 4 All Kinds of Animals Level 4-1 Unit 5 What Animals Need to Live	Animals
06	Black Holes	Level 5-1 Unit 6 The Solar System	The Solar System
07	The Causes of Earthquakes	Level 5-2 Unit 7 Volcanoes	Geology
08	Everything Is Matter	Level 2-1 Unit 18 Discover Matter	Matter
09	The Grand Canyon	Level 4-2 Unit 5 Changing Land	Earth's Physical Geography
10	The Eiffel Tower	Level 5-1 Unit 10 The Statue of Liberty	World History
11	Inventing the Telephone	Level 3-3 Unit 6 Inventions	American History
12	Henry Ford: An Icon of the Modern Automobile	Level 3-1 Unit 9 Transportation	Figures in American History
13	Pompeii Comes Alive	Level 5-2 Unit 10 The Great Wall of China	World History
14	A Great Earthquake Hits San Francisco	Level 5-2 Unit 7 Volcanoes	Natural Disasters
15	Endangered Animals	Level 4-2 Unit 1 Land Habitats	Environment
16	Stars on Flags	Level 4-2 Unit 17 Shapes	Culture
17	The Hunter and the Crocodiles	Level 3-2 Unit 13 The Hare and the Tortoise	Fiction
18	How Springtime Comes	Level 5-2 Unit 17 The Ten Suns	Folktale
19	Why We Need Fractions	Level 4-1 Unit 20 Fractions	Fractions
20	Even and Odd: Strange Cousins	Level 4-1 Unit 19 Ordinal Numbers	Numbers

PART **1**

Science

Tornadoes: Severe Thunderstorms

✔ *Check Your Background Knowledge*

Circle the correct words.

1. Sometimes, a (*severe* / *separate*) thunderstorm causes tornadoes.
2. They start when a sudden drop in air pressure (*creates* / *breaks*) a vortex.
3. Tornadoes can (*evaporate* / *form*) whenever a warm front meets a cold front.

Tornadoes: Severe Thunderstorms 🎧

❶A tornado is a type of violent windstorm in which a <u>rapidly</u> rotating column of air spins very fast. They are not very wide, and they do not last a long time. But they are very destructive and even deadly.

❷Tornadoes <u>typically</u> develop within a large scale low-pressure system. When unstable hot air near the ground rises and meets cooler air, a thunderstorm forms. Sometimes a massive thunderstorm develops a rotational wind that touches the ground at high speed. This is a tornado. In the center of a tornado, winds can reach speeds of 500 km per hour or more. At such high speeds, winds can destroy anything in their path.

On average, more than 1,000 tornadoes hit the United States every year. And Tornado Alley is an area in mid-America that gets a very high number of

▲ tornado damage to a house

Vocabulary

- **windstorm:** a storm with very strong wind but little or no rain or snow
- **destructive:** causing great damage
- **unstable:** not firm or fixed, not constant
- **massive:** large and heavy
- **path:** course

▲ a tornado and lightning

▲ a tornado over the ocean

very destructive tornadoes.

Tornadoes usually occur individually within a short period of time. For example, in April 1974, almost 150 tornadoes were reported east of the Mississippi River within two days. And, in April 1991, an outbreak of 54 tornadoes also occurred within two days. The Tri-State Tornado of March 18, 1925, was the deadliest tornado in American history. According to the report, 751 people were killed by this tornado. It was several independent tornadoes, not one continuous tornado.

(Word Count ▶ 217)

- **individually:** one by one
- **outbreak:** the sudden occurrence of something unwelcome
- **independent:** separate from and not connected to other people, things, etc.

Grammar Quiz

Adverbs

- **Find what the underlined words modify in sentences ❶ and ❷.**

❶ _____   ❷ _____

Comprehension Checkup

A Choose the best answer.

1. **What is the passage mainly about?**
    a. what Tornado Alley is
    b. the characteristics of tornadoes
    c. how tornadoes form and disappear
    d. the most dangerous tornadoes in the United States

2. **What happens when unstable hot air meets cooler air?**
    a. A thunderstom is created.
    b. A thunderstorm touches the ground.
    c. A large scale low-pressure system operates.
    d. Hot air and cooler air spin very fast together.

3. **How were 751 people killed on March 18, 1925?**
    a. An earthquake occured in mid-America.
    b. A single giant tornado formed in Tornado Alley.
    c. Several independent tornadoes occurred in the United States.
    d. Almost 150 tornadoes were created east of the Mississippi River.

4. **Which statement about tornadoes is not true?**
    a. Their winds can destroy anything in their path.
    b. They are not very wide, but they can last a long time.
    c. A rapidly rotating column of air spins very fast in them.
    d. In their center, winds can reach speeds of 500 km per hour or more.

LEVEL UP! 5.   **Purpose** **Why does the author mention various cases of tornadoes in paragraph 4?**
    a. to disagree with the fact that tornadoes form irregularly
    b. to stress that tornadoes are very destructive and deadly
    c. to explain why Tornado Alley is a dangerous place for people to live
    d. to give examples of a series of destructive tornadoes occurring individually

LEVEL UP! **B** **Writing** Write the correct words to complete the sentence.

6. A tornado is a type of violent windstorm in which _____<u>a</u>_____ _____
    _____ _____ ___<u>of</u>___ _____ spins very fast.

A Choose the correct words to fill in the blanks.

> windstorm   destructive   massive   individually   unstable   outbreak

1. Tornadoes are very _____ and deadly.

2. A(n) _____ of tornadoes killed a lot of people.

3. Tornadoes can form _____ or in small groups.

4. When _____ hot air near the ground rises and meets cooler air, a thunderstorm forms.

5. A tornado is a large _____ that spins very fast.

6. Sometimes a _____ thunderstorm develops a rotational wind that touches the ground at high speed.

B Choose the appropriate places for the adverbs.

> **ex.**
> **Tornadoes are very destructive and deadly.**
> *Adverbs*

1. A tornado is a type of violent ① windstorm in which a ② rotating column of air spins very fast ③. (← rapidly)

2. They are not ① wide ②, and they do not ③ last a long time. (← very)

3. They ① are very destructive and ② deadly ③. (← even)

4. Tornadoes ① develop within ② a large scale ③ low-pressure system. (← typically)

5. Tornadoes occur ① within ② a short period of time ③. (← individually)

A **Main Idea & Details** Fill in the blanks to complete the organizer.

Main Idea: **The Features of a Tornado**

Detail 1: What It Is	Detail 2: How It Occurs	Detail 3: A Series of Individual Tornadoes
• a type of violent 1._____ • a rapidly rotating 2._____ of air in it	• when unstable hot air near the ground 3._____ and meets cooler air • when a massive thunderstorm develops a rotational wind that 4._____ the ground at high speed	• an 5._____ of over 1,000 tornadoes every year in the United States • Tornado Alley: an area that gets a very 6._____ number of tornadoes

rises   column   average   high   touches   windstorm

B Fill in the blanks to complete the summary.

individually   spins   violent   deadliest   rotational   unstable

A tornado is a ❶_____ windstorm in which a rotating column of air ❷_____ very fast. Tornadoes develop within a large scale low-pressure system. A thunderstorm forms when ❸_____ hot air meets cooler air. Sometimes a massive thunderstorm develops a ❹_____ wind that touches the ground at high speed. This is a tornado. Tornadoes usually occur ❺_____ within a short period of time. The Tri-State Tornado in 1925, was the ❻_____ tornado in American history.

Different Types of Pollution

✔ *Check Your Background Knowledge*

Circle the correct words.

1. Our natural resources are quickly (*producing* / *disappearing*).
2. (*Saving* / *Throwing*) energy means that we cause less air pollution and acid rain and fewer greenhouse gases.
3. No one wants a world with dirty air, (*flowing* / *polluted*) water, and dry and barren soil.

Different Types of Pollution 🎧

We continually try to make our lives more convenient. In doing so, pollution has become a more serious issue. There are three main kinds of pollution.

▲ smog

One kind of pollution is air pollution. Smog, mostly from cars and factories, is one cause of air pollution. ❶Air pollution can make it hard for people to breathe. Air pollution can also change the weather. For example, air pollution from cars and factories traps heat from sunlight. ❷This makes the earth warmer. Scientists call this global warming.

Water pollution is caused by excess fertilizer used in agriculture. Rain carries this excess fertilizer to streams and lakes. The algae in these streams and lakes grow excessively because of the fertilizer. When they die, they sink to the bottom and decay. The decaying process uses oxygen that other animals and plants need to survive.

Vocabulary

- **convenient:** easy, useful, or suitable for a particular purpose
- **trap:** to prevent from escaping
- **excess:** more than is needed, desired, or required
- **fertilizer:** chemicals that help plants grow better
- **agriculture:** the science or practice of farming

Another kind of pollution is land pollution. It is caused by the garbage people produce. Landfills are filling quickly every day. As more garbage piles up in landfills, the waste material seeps into the ground. Eventually, the soil becomes polluted and causes diseases in both humans and animals.

▲ algae polluted water

No one wants to live in a polluted environment. Never throw waste into an ocean or lake. Use recycled paper napkins and reusable plastic containers. In addition, for short trips, leave your car at home and ride a bicycle.

(Word Count ▶ 226)

▲ landfill

• **decay:** to rot or cause to rot as a result of bacterial, fungal, or chemical action
• **seep:** to flow slowly through small holes or spaces
• **reusable:** able to be used again or more than once

Grammar Quiz

The verb *make*

• **Find the objects of sentences ❶ and ❷.**

❶ _____

❷ _____

Comprehension Checkup

A **Choose the best answer.**

1. **What is the passage mainly about?**
   a. how garbage pollutes the soil
   b. problems from excess fertilizer
   c. how cars and factories pollute air
   d. the causes and effects of pollution

2. **What causes global warming?**
   a. Cars and factories reduce smog.
   b. Excess fertilizer makes algae grow.
   c. Garbage in landfills seeps into the ground.
   d. Trapped heat from sunlight makes the earth warmer.

3. **What happens when the soil becomes polluted?**
   a. Factories cannot be built on the land.
   b. Diseases are caused in both humans and animals.
   c. Algae begin to grow excessively in streams and lakes.
   d. The oxygen that other animals and plants need disappears.

4. **Which one is not a way to help stop pollution?**
   a. Use recycled paper napkins.
   b. Use reusable plastic containers.
   c. Always drive, even for short trips.
   d. Never throw waste into an ocean or lake.

5. **Inference** **What can be inferred from paragraph 3?**
   a. Fertilizer is needed for algae to decay.
   b. No fertilizer should be used for farming.
   c. Fertilizer could provide algae with nutrients to grow.
   d. Streams and lakes are not a good environment for algae.

B **Writing** **Write the correct words to complete the sentence.**

6. As we try to make our lives ____*more*____ _____, pollution has become
   _____*a*_____ _____ _____ _____.

24

A Choose the correct words to fill in the blanks.

> convenient   excess   fertilizer   decay   reusable   seeps

1. When the algae die, they sink to the bottom and _____ .

2. _____ used in agriculture can cause water pollution.

3. _____ fertilizer can cause water pollution.

4. Use recycled paper napkins and _____ plastic containers.

5. Plastic cups and bags make our lives more _____ .

6. Waste material _____ into the ground and pollutes the land.

B Choose the correct words to complete the sentences.

ex. **This makes *the earth* *warmer*.**
The verb make (make+object+objective complement)

1. We continually try to make our lives (*more convenient* / *conveniently*).

2. Air pollution can make it (*hard* / *hardly*) for people to breathe.

3. Trapped heat makes (*warmer the earth* / *the earth warmer*).

4. The decaying process of algae makes oxygen (*disappear* / *disappeared*).

5. Garbage in landfills makes (*dirty and barren the soil* / *the soil dirty and barren*).

A **Categorizing** Fill in the blanks to complete the organizer.

Three Main Kinds of Pollution			
	Air Pollution	Water Pollution	Land Pollution
Main Factor	1. _____, mostly from cars and factories	excess fertilizer	5. _____ people produce
Polluting Process		Rain carries fertilizer to streams. → The algae grow excessively. → The dead algae 3._____ and decay.	The waste material 6._____ into the ground.
Effects	• making it hard for people to 2._____ • making the earth warmer	using 4._____ that other creatures need	causing diseases in both humans and animals

> sink   breathe   garbage   smog   oxygen   seeps

B Fill in the blanks to complete the summary.

> survive   rain   serious   landfills   algae   warmer

Pollution has become a ❶_____ issue. Smog from cars and factories causes air pollution. Air pollution can make it hard for people to breathe. It can also make the earth ❷_____. Excess fertilizer causes water pollution. The fertilizers are carried to streams through the ❸_____. It causes too much ❹_____ to grow. The decaying process of algae uses oxygen that animals and plants need to ❺_____. Land pollution is caused by garbage. As more garbage piles up in ❻_____, the waste material seeps into the ground.

Life in the Polar Regions

✔ *Check Your Background Knowledge*

Circle the correct words.

1. The animals (*stepping* / *living*) in Alaska wanted to go to see the Northern Lights.
2. The polar bears and penguins needed to take the (*floating* / *sitting*) pieces of ice.
3. Six pieces of ice made a total of thirty animals that (*fell* / *sailed*) to see the light show.

Life in the Polar Regions 🎧

The North Pole is the northernmost point on the earth, and the South Pole is the southernmost point. The climate in each place is cold throughout the year. The oceans are frozen solid, and they are covered with snow.

The region around the North Pole is called the Arctic. It includes the northern parts of the continents of North America, Europe, and Asia. These masses of land enclose the Arctic Ocean. At the North Pole, there is no land itself but only frozen seawater. In winter, the frozen ocean allows land animals to move from one continent to another.

The region around the South Pole is called the Antarctic. The Antarctic is comprised of the continent of Antarctica and the surrounding Antarctic Ocean. Even in the coldest winters, the continent of Antarctica

▲ Arctic(left) and Antartic(right)

is always surrounded by water, so land animals cannot easily travel away from the area.

   (A) Life around the poles is very different from life elsewhere on the earth. Most of the animals on land are warm-blooded mammals and birds. (B) They have thick fur or feathers, which provide an insulating layer that traps air. Thus, they prevent heat loss and keep the skin warm and dry. ❶The Arctic fox, polar bear, and penguin are a few of the animals that live at the poles. (C) ❷There are also no reptiles or amphibians, and there are very few insect species. (D)

(Word Count ▶ 229)

▲ Arctic fox

▲ polar bear

▲ emperor penguins

- **comprise:** to include or consist of (something)
- **elsewhere:** in another place
- **insulating:** adding a material to (something) in order to stop heat or electricity from going into or out of it

Grammar Quiz

Adjectives that indicate numbers

- Find the adjectives that indicate numbers in sentences ❶ and ❷.

   ❶ _____   ❷ _____

A Choose the best answer.

1. **What is this passage mainly about?**
   a. the environment and animals in the polar regions
   b. what the North and South Poles have in common
   c. warm-blooded mammals and birds in the polar regions
   d. why there are no reptiles or amphibians in the polar regions

2. **Which statement about the North Pole is not true?**
   a. It is called the Arctic.
   b. It is surrouned by the Arctic Ocean.
   c. There is no land itself but only flowing seawater.
   d. In winter, animals can move from one continent to another.

3. **What is the continent of Antaractica surrounded by?**
   a. water
   b. floating ice
   c. frozen water
   d. masses of land

4. **Why do most mammals and birds have thick fur or feathers?**
   a. because they are warm-blooded
   b. in order to hunt reptiles or amphibians easily
   c. in order to travel from one continent to another
   d. in order to prevent heat loss and keep the skin warm and dry

LEVEL UP! 5. **Insertion** Where could the following sentence be added?

   They have adapted to the extreme conditions.

   a. (A)   b. (B)   c. (C)   d. (D)

LEVEL UP! **B** **Writing** Write the correct words to complete the sentence.

6. The North Pole is ____the____ _____ _____ ____of____
   _____ _____ , and the South Pole is the southernmost point.

Vocabulary & Grammar

A Choose the correct words to fill in the blanks.

> enclose northernmost masses insulating Pole elsewhere

1. The North Pole is the _____ point on the earth.

2. The southernmost point on the earth is called the South _____.

3. Life around the poles is very different from life _____ on the earth.

4. The Arctic Ocean is surrounded by these _____ of land.

5. The continents of North America, Europe, and Asia _____ the Arctic Ocean.

6. They have thick fur or feathers, which provide an _____ layer that traps air.

B Choose the correct words to complete the sentences.

> **There are very <u>few</u> insect species.**
> *Adjectives that indicate numbers*

1. At the North Pole, there is (*no* / *some*) land itself but only frozen seawater.

2. (*Most of* / *Few*) the animals on land are warm-blooded mammals and birds.

3. The Arctic fox, polar bear, and penguin are (*few* / *a few*) of the animals that live at the poles.

4. There are also (*no* / *most of*) reptiles or amphibians.

5. There are very (*no* / *few*) insect species.

Organization & Summary

A **Comparison & Contrast** Fill in the blanks to complete the organizer.

North Pole
- no land itself
- only 1._____ seawater
- possible to move from one 2._____ to another

- extremely cold
- most of the animals: 3._____ mammals and birds, 4._____ to the extreme conditions

South Pole
- always 5._____ by water
- cannot easily 6._____ away from the area

warm-blooded   frozen   adapting   surrounded   continent   travel

B Fill in the blanks to complete the summary.

Antarctic   extreme   climate   Arctic   water   mammals

The ❶_____ in the polar regions is extremely cold. Most of the animals are warm-blooded ❷_____ and birds that have adapted to the ❸_____ conditions. The region around the North Pole is called the ❹_____. There is no land itself but only frozen seawater. In winter, the frozen ocean allows animals to move from one continent to another. The region around the South Pole is called the ❺_____. It is always surrounded by ❻_____, so land animals cannot easily travel away from the area.

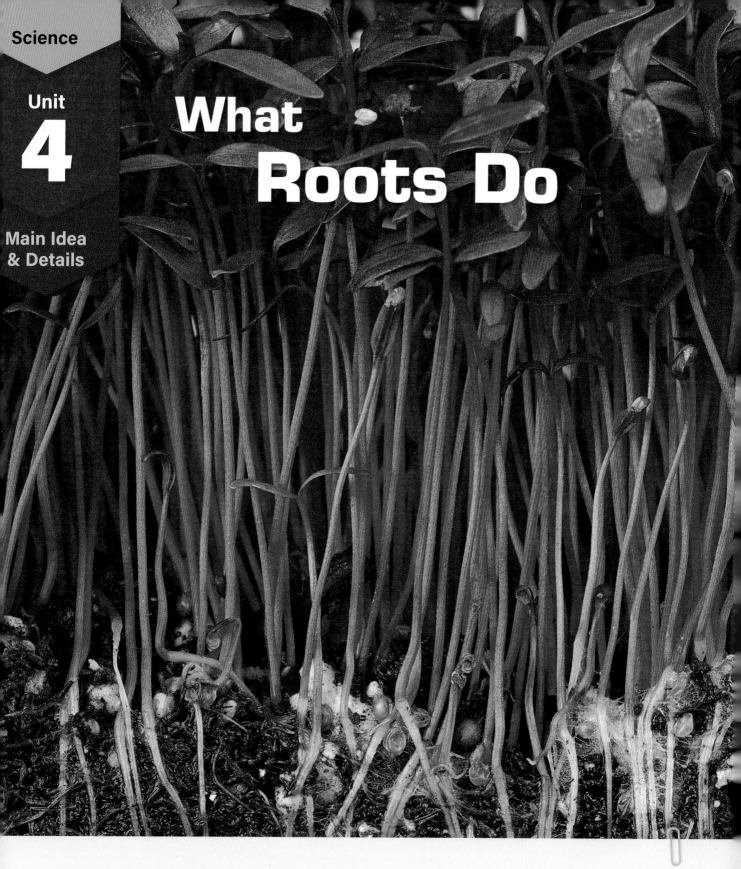

What Roots Do

✔ *Check Your Background Knowledge*

Circle the correct words.

1. Air, (*water* / *rocks*), sunlight, and space help plants to live and grow.
2. Plants have stems, (*hairs* / *roots*), and leaves.
3. Roots keep the plants in the (*ground* / *web*).

What Roots Do

All plants have roots. They play very important roles for plants to grow. Roots act like anchors to hold plants firmly in the soil. Without roots, plants would be blown away by the wind or washed away by the rain. Roots also absorb the water and nutrients that plants need to live and grow. The tiniest roots, called root hairs, branch out through the soil and take in water and minerals. ❶Then, the water and minerals are sent through the tubes to every leaf of the plant.

▲ tree roots

Roots are different in shape. Some roots grow straight down into the soil. They tend to grow deep into the ground and reach water deep down. ❷They are called taproots. Other roots spread out in all directions. They are usually just beneath the ground. They are fibrous roots.

Vocabulary

- **role:** function or job
- **anchor:** a piece of heavy metal to prevent a ship or boat from moving
- **absorb:** to soak up
- **mineral:** a natural substance that is present in some foods and soil
- **straight:** in a level, even, or upright position

Plants have different kinds of roots depending on where they live and how much water they need. For example, palm trees grow in wet, tropical places. They usually have tall and thin trunks. Thus, palm trees have strong webs of fibrous roots that help them stand tall. On the other hand, cacti grow in the desert. Their roots must absorb as much water as they can find. Thus, they have long taproots and thick mats of fibrous roots. These roots find every drop of water in the ground and far beyond the plants.

(Word Count ▶ 228)

▲ fibrous roots

▲ taproots

- **fibrous:** consisting of many fibers or looking like fibers
- **trunk:** the thick main stem of a tree
- **web:** a complicated pattern of things

Grammar Quiz

Passive voice

- **Find the verbs in sentences ❶ and ❷.**

  ❶ _____

  ❷ _____

A Choose the best answer.

1. **What is this passage mainly about?**
   a. why cacti grow long taproots
   b. how roots function like anchors
   c. the shapes and lengths of roots
   d. the functions and types of roots

2. **Why are roots important to plants?**
   a. Roots can absorb only water, not nutrients.
   b. Roots can hold the smallest sprouts but not tall trees.
   c. Without roots, plants would be blown or washed away.
   d. Without roots, plants can absorb minerals from the sun.

3. **How are water and minerals sent to every leaf?**
   a. through tubes
   b. through flowers
   c. through rain
   d. through the air

4. **Which statement is true?**
   a. It's impossible for plants to survive in deserts.
   b. Plants in tropical places have tall and thick trunks.
   c. It's impossible for a plant to have both shapes of roots.
   d. The amount of water plants need determines the root type.

LEVEL UP! 5. **Purpose** **Why does the author mention anchors?**
   a. to give an example of fibrous roots
   b. to emphasize the important role of roots
   c. to explain why taproots grow straight down
   d. to compare the features of two shapes of roots

LEVEL UP! **B** **Writing** **Write correct words to complete the sentence.**

6. Roots act like anchors to ____*hold*____ _____ _____ in the soil,
   and ____*absorb*____ _____ _____ _____ _____ that
   plants need to live and grow.

A Choose the correct words to fill in the blanks.

anchors	minerals	straight	fibrous	trunks	webs

1. Roots act like _____ and hold plants firmly in the soil.

2. _____ roots spread out in all directions.

3. With the help of strong _____ of fibrous roots, palm trees can stand tall.

4. Palm trees usually have tall and thin _____.

5. Taproots grow _____ down into the soil.

6. Root hairs branch out through the soil and take in water and _____.

B Choose the correct words to complete the sentences.

> **ex.**   **They are called taproots.**
> *Passive voice*

1. Without roots, plants would be blown away by the wind or (*wash* / *washed*) away by the rain.

2. The tinniest roots, (*which are called* / *which call*) root hairs, branch out through the soil.

3. The water and minerals (*is sent* / *are sent*) through the tubes to every leaf of the plant.

4. Some roots grow straight down into the soil. They (*are called* / *are calling*) taproots.

5. Palm trees have strong webs of fibrous roots that (*help* / *are helped*) them stand tall.

Organization & Summary

A **Main Idea & Details** **Fill in the blanks to complete the organizer.**

Main Idea: Functions and Shapes of Roots

Detail 1: Functions

- 1. _____ plants firmly in the soil
- 2. _____ the water and nutrients

Detail 2: Shapes

Two Different Shapes
- taproots → grow 3. _____ down
- fibrous roots → spread out in all 4. _____

Reasons
- 5. _____ plants live
- 6. _____ water plants need
→ palm trees vs. cacti

| absorb | hold | how much | straight | where | directions |

B **Fill in the blanks to complete the summary.**

| firmly | Cacti | thick | roles | spread | minerals |

Roots play very important ❶_____ for plants to grow. Roots hold plants ❷_____ in the soil. Roots also absorb water and ❸_____ that plants need to live and grow. Taproots grow straight down into the soil. Fibrous roots ❹_____ out in all directions. Palm trees have strong webs of fibrous roots that help them stand tall. ❺_____ have long taproots and ❻_____ mats of fibrous roots.

· Review Test ·

▶ Answer Key p. 70

A. Check the correct words to complete the sentences.

1. Tornadoes are very _____ and even deadly.
   a. high   b. convenient   c. destructive   d. excess

2. Tornadoes usually occur _____ within a short period of time.
   a. firmly   b. excessively   c. mostly   d. individually

3. An _____ of 54 tornadoes also occurred within two days.
   a. outbreak   b. path   c. center   d. trunk

4. Air pollution from cars and factories _____ heat from sunlight.
   a. traps   b. pollutes   c. seeps   d. tends

5. When algae die, they sink to the bottom and _____.
   a. adapt   b. decay   c. cause   d. absorb

6. These masses of land _____ the Arctic Ocean.
   a. prevent   b. travel   c. comprise   d. enclose

7. Animals in the Arctic have thick fur or feathers, which provide an _____ layers.
   a. fibrous   b. straight   c. insulating   d. frozen

8. The tiniest roots, called root hairs, _____ out through the soil and take in water.
   a. hold   b. branch   c. stand   d. send

9. Taproots grow _____ down into the soil.
   a. straight   b. individually   c. typically   d. quickly

10. Palm trees have tall and thin _____.
    a. roles   b. anchors   c. trunks   d. directions

B. Correct the underlined parts.

1. Tornadoes are not <u>wide very</u>, and they do not last a long time.

   ➡ _____

2. Tornadoes <u>typical</u> develop within a large scale low-pressure system.

   ➡ _____

3. Air pollution makes <u>hard it</u> for people to breathe.   ➡ _____

4. Trapped heat makes <u>warmer the earth</u>.   ➡ _____

5. At the North Pole, there is <u>a few</u> land itself but only frozen seawater.

   ➡ _____

6. <u>Most</u> the animals on land are warm-blooded mammals and birds.

   ➡ _____

7. There are very <u>a few</u> insect species.   ➡ _____

8. Without roots, plants would <u>blown</u> away by the wind.

   ➡ _____

9. The water and minerals <u>is sent</u> through the tubes to every leaf of the plants.

   ➡ _____

10. These roots <u>are found</u> every drop of water in the ground and far beyond the plants.   ➡ _____

Ants Are Social Insects

✔ *Check Your Background Knowledge*

Circle the correct words.

1. Insects were the first animals capable of (*extinct* / *flight*).
2. Insects (*develop* / *discover*) from eggs.
3. Animals need food, water, air, and a (*safe* / *dangerous*) place to live.

Ants Are Social Insects 🎧

Ants are found on every continent except Antarctica. Scientists estimate that there may be 20,000 different species in the world. Although there is great variety in ant species, there is one trait they all share: All ants are social insects. They live in colonies.

Most colonies are composed of four types of ants. They are the queen, males, soldiers, and workers.

Each colony has at least one queen. She is more an egg producer than a ruler. She begins her life with wings, which she uses while mating. ❶After mating with a male ant or many males, she flies to her nesting area. Then, she loses her wings and spends her life laying eggs.

Males are small ants that have wings. They have short life spans. Their job is to fly out and mate with the winged queens from other colonies. ❷The males die soon after completing their job.

The soldiers are large workers that defend the colony. They often raid other colonies and capture slaves. Amazingly, they are females that cannot lay eggs.

Vocabulary

- **trait:** a particular characteristic of someone or something
- **colony:** a group of plants or animals living or growing in one place
- **ruler:** one that rules
- **mate:** to bring animals together for breeding
- **life span:** the length of time that a person or animal lives

The last members of the colony are the workers. They are small and wingless females that are the daughters of the queen. They also cannot lay eggs. These workers collect food, feed members of the colony, and enlarge the nest. Most of the ants in a colony are workers.

(Word Count ▶ 223)

▲ queen ant

▲ male ant

▲ soldier ant

▲ worker ant

• **defend:** to protect from harm or danger
• **raid:** to go into a place and steal things
• **enlarge:** to increase in size or scale

Grammar Quiz

Gerund

• **Find the gerunds in sentences ❶ and ❷.**

❶ _____

❷ _____

A Choose the best answer.

1. **What is this passage mainly about?**
   a. the habits of ants
   b. various species of ants
   c. the life of a queen ant
   d. the types of ants in an ant colony

2. **Which statement about the queen is not true?**
   a. She lay eggs at her nesting area.
   b. She loses her wings when she dies.
   c. She uses her wings when she mates.
   d. She is more an egg producer than a ruler.

3. **What happens to males after they complete their job?**
   a. They spend their lives taking care of eggs.
   b. They defend the colony and capture slaves.
   c. They die soon after mating with the queens.
   d. They collect food and feed members of the colony.

4. **What is true about both the soldiers and the workers?**
   a. They are the daughters of the queen.
   b. They are females that cannot lay eggs.
   c. They are small, and do not have wings.
   d. They collect food and enlarge the nest.

LEVEL UP! 5. **Inference** **What can be inferred from the passage?**
   a. The number of soldiers in any colony is the same.
   b. There are conflicts among different colonies of ants.
   c. The captured slaves cannot be a member of the new colony.
   d. The queens have short life spans because they repeatedly lay eggs.

LEVEL UP! **B** **Writing** **Write the correct words to complete the sentences.**

6. Most colonies are composed of four types of ants. They are _____*the*_____ _____, _____, _____, and _____.

44

Vocabulary & Grammar

A Choose the correct words to fill in the blanks.

trait	ruler	mating	life spans	raid	enlarge

1. Soldiers often _____ other colonies and capture slaves.

2. Males are small ants that have short _____.

3. One _____ that all ants share is that they are social insects.

4. The queen uses her wings while she is _____ with male ants.

5. Workers are female ants that _____ their colonies.

6. Even though the queen is a _____, she is more of an egg producer.

B Choose the correct words to complete the sentences.

ex.
She loses her wings and spends her life laying eggs.
Gerund

1. After (*mating* / *to mate*) with a male ant or many males, she flies to her nesting area.

2. She loses her wings and spends her life (*laying* / *to lay*) eggs.

3. Their job is (*fly* / *flying*) out and (*mate* / *mating*) with the winged queens from other colonies.

4. The males die soon after (*complete* / *completing*) their job.

5. These workers' job is (*collect* / *collecting*) food and (*feed* / *feeding*) members of the colony.

Organization & Summary

A **Main Idea & Details** Fill in the blanks to complete the organizer.

> **Main Idea: Four Types of Ants in a Colony**

Detail 1: Queens
- an egg
1. _____
- uses wings to
2. _____
- lose her wings after mating

Detail 2: Males
- small ants with wings
- have
3. _____
life spans
- die after mating

Detail 3: Soldiers
- 4. _____
the colony
- raid other colonies and capture slaves
- females, cannot lay eggs

Detail 4: Workers
- small and
5. _____ females
- collect food, feed members of the colony,
6. _____ the nest

| wingless | mate | producer | defend | enlarge | short |

B Fill in the blanks to complete the summary.

| social | completing | raid | collect | capture | composed |

All ants are ❶_____ insects. Their colonies are ❷_____ of the queen, males, soldiers, and workers. The queen is an egg producer. After mating, she spends her life laying eggs. The job of males is to fly out and mate with the winged queens from other colonies. The males die soon after ❸_____ their job. Soldiers defend the colony. They often ❹_____ other colonies and ❺_____ slaves. Workers are daughters of the queen. They ❻_____ food, feed members of the colony, and enlarge the nest.

46

Black Holes

✔ *Check Your Background Knowledge*

Circle the correct words.

1. The solar system is the sun and all the (*rings* / *planets*) that go around it.
2. Our solar system (*consists* / *receives*) of the sun, eight planets, moons, and some gases and dust.
3. All of the objects in the solar system (*orbit* / *declare*) the sun.

Black Holes 🎧

A black hole is an area of the universe that is very dense. It is so dense that it can trap space material forever. Scientists think that there are two ways a black hole can form.

One way is by the death of a large star. A star needs fuel to stay alive or shine. The fuel pushes out, and gravity pushes the star inward. The two forces allow the star to keep shining. But, when the fuel runs out, there will only be gravity pushing the star inward until it collapses. That is how the dense region is created. There is force pushing in but no force pushing out.

Another way a black hole is created is from the collection of matter at the center of a galaxy. ❶When a lot of matter collects together in the middle of the galaxy, it can collapse on itself and create a giant black hole.

We have a black hole in the center of our galaxy as well. A black hole does not give off light like a star, so it is difficult to locate.

Vocabulary

- **dense:** containing a lot of things or people in a small area
- **gravity:** the force which causes things to drop to the ground
- **inward:** toward the inside or center of something
- **collapse:** to break apart and fall down suddenly
- **galaxy:** one of the large groups of stars that make up the universe

However, astronomers can locate a black hole by observing a star that is near it. When a star is pulled into a black hole, it gives off X-rays. ❷Astronomers can locate a black hole by looking for these X-rays. But no one knows what happens inside a black hole.

(Word Count ▶ 232)

Black Holes

- **locate:** to find the exact position of something
- **astronomer:** a scientist who studies the stars and planets
- **observe:** to see and notice something

Grammar Quiz

Auxiliary verb *can*

- Circle the meaning of *can* in sentences ❶ and ❷.

❶ to be able to / to be possible
❷ to be able to / to be possible

A **Choose the best answer.**

1. **What is this passage mainly about?**
   a. where black holes are
   b. how stars keep shining
   c. who can locate black holes
   d. how black holes are created

2. **What are two ways a black hole can form? (Choose two answers.)**
   a. the death of a large star
   b. strong X-rays from stars
   c. the birth of a giant galaxy
   d. the collection of matter at the center of a galaxy

3. **What do stars need to stay alive and shine?**
   a. a dense region
   b. a force pushing stars out of the galaxy
   c. a fuel pushing out and gravity pushing in
   d. a force pushing stars inward until they collapse

4. **How can astronomers observe X-rays in the universe?**
   a. When a black hole is created, it gives off X-rays.
   b. When a lot of matter collects together, it gives off X-rays.
   c. When the fuel runs out, a star gives off gravity and X-rays.
   d. When a star is being pulled into a black hole, it gives off X-rays.

LEVEL UP! 5. **Purpose** **Why does the author mention that no one knows what happens inside a black hole?**
   a. to explain that no one has succeeded in locating where a black hole is
   b. to say that it's impossible to go near a black hole due to strong X-rays
   c. to stress that a black hole is so dense that it can trap space material forever
   d. to claim that astronomers should develop technologies to explore black holes

LEVEL UP! **B** **Writing** **Write the correct words to complete the sentences.**

6. A black hole is an area of the universe that is _____*very*_____ _____.
   It can _____ _____ _____ forever.

50

A Choose the correct words to fill in the blanks.

| dense | collapses | inward | locate | astronomers | galaxy |

1. A black hole is so _____ that it can trap space material forever.

2. _____ know how to locate black holes.

3. Fuel pushes out while gravity pulls the star _____.

4. It is difficult to _____ black holes since they do not shine like stars.

5. We have a black hole in the center of our _____ as well.

6. When the fuel runs out, there will only be gravity pushing the star inward until it _____.

B Choose the correct words to complete the sentences.

ex. **It is so dense that it <u>can</u> trap space material forever.**
Auxiliary verb can

1. Scientists think that there are two ways a black hole (*can form / can forms*).

2. It (*can collapse / can collapsing*) on itself and create a giant black hole.

3. Astronomers (*can locate / can located*) a black hole by observing a star that is near it.

4. Astronomers (*locates / can locate*) a black hole by looking for these X-rays.

5. It is so dense that it (*trapping / can trap*) space material forever.

Organization & Summary

A **Main Idea & Details** **Fill in the blanks to complete the organizer.**

> ### Main Idea: Black Holes

Detail 1: How They Form

1) by the 1._____ of a large star
- The fuel pushes out, and gravity pushes the star inward.
- When the fuel 2._____, gravity pushes the star inward unil it collapses.

2) the 3._____ of matter at the center of a galaxy
- A lot of matter collects together in the 4._____ of the galaxy. → It can collapse.

Detail 2: How to Locate Them

- When a star is 5._____ into a black hole, it gives off X-rays.
- 6._____ can locate them by looking for X-rays.

> pulled   death   middle   astronomers   collection   runs out

B **Fill in the blanks to complete the summary.**

> dense   alive   giant   creates   matter   forever

A black hole is a ❶_____ area of the universe. It can trap space material ❷_____. The death of a star can form a black hole. When a star runs out of the fuel to stay ❸_____, there will only be gravity. It will push the star inward until it collapses. This ❹_____ a dense region. When a lot of ❺_____ collects together in the middle of the galaxy, it can collapse on itself and create a ❻_____ black hole.

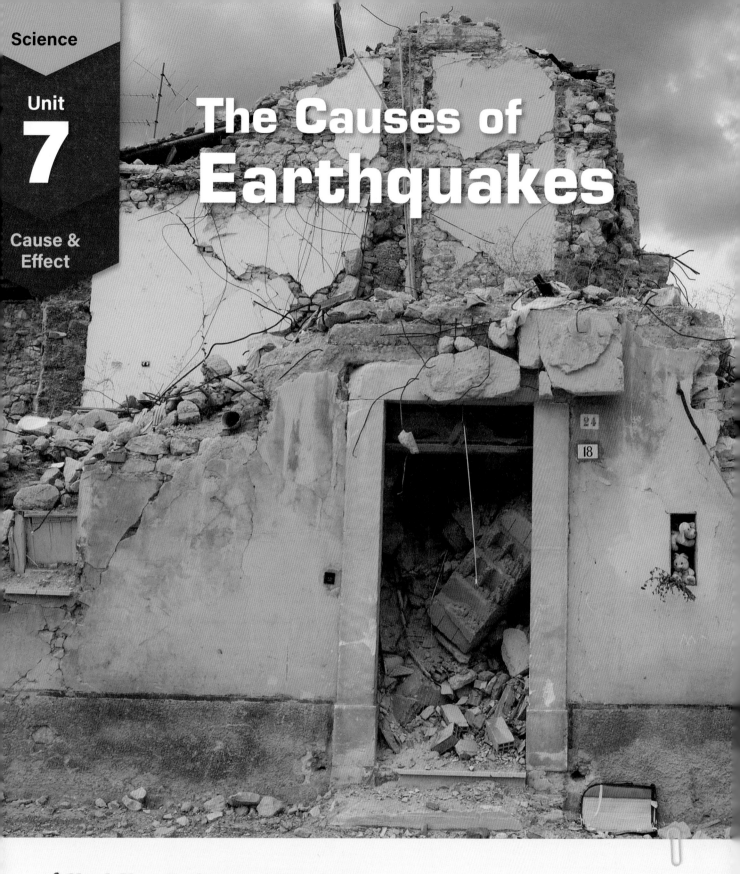

Unit

7

Cause & Effect

The Causes of Earthquakes

✔ *Check Your Background Knowledge*

Circle the correct words.

1. The Ring of Fire is a very large circle of (*thunder* / *volcanoes*).
2. The Ring of Fire often causes (*smog* / *earthquakes*).
3. They are very (*dangerous* / *mysterious*) for many people.

The Causes of Earthquakes 🎧

There are many theories on what causes earthquakes. The most scientifically documented theory is plate tectonics. It states that the reason for earthquakes has to do with the earth's plates and their motions.

The earth's crust is constantly moving because of the plates, which are pieces as large as continents. Under the crust is the mantle. ❶The rock material here is melted because of the heat from the core of the earth. It always flows like a liquid. ❷As heat begins to rise, the mantle rises and pushes against the bottom of the crust. When the mantle moves toward Earth's surface with force, cracks in the crust called faults are put in motion. These vibrations travel through the crust.

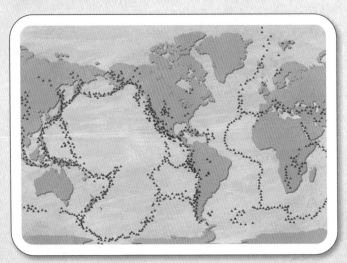

▲ Each red dot is a place where an earthquake has happened frequently.

Vocabulary

- **documented:** being recorded in written, photographic, or other form
- **motion:** an act or process of moving
- **vibration:** a continuous slight shaking movement
- **boundary:** something that shows where an area ends and another area begins
- **tremendous:** very big, fast, and powerful
- **impact:** the act or force of one thing hitting another
- **withstand:** to not be harmed or affected by something
- **destruction:** the act of destroying something

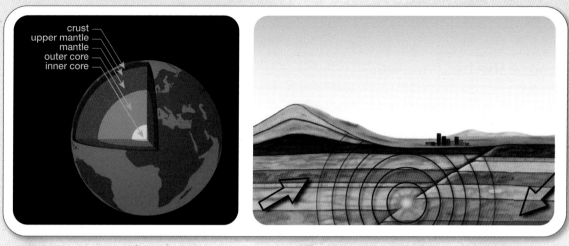

▲ structure of the earth   ▲ earthquake

Many earthquakes are actually so small that people can barely feel them. However, when earthquakes occur at the boundaries of plates, tremendous impacts hit the crust, and their vibrations spread out in all directions. These vibrations cause the ground to shake and move terribly. Destructive earthquakes occur frequently in countries near the boundaries of plates.

We cannot prevent the mantle from moving or earthquakes from occurring. Therefore, we need to study how to build stronger buildings, dams, and bridges to withstand earthquakes. Then, destruction and loss of life can be reduced.

(Word Count ▶ 210)

Grammar Quiz

Prepositions: *with, from, against, under*

• **Find the prepositions meaning the same with the below in sentences ❶ and ❷.**

❶ indicating the place that something comes out of = _____

❷ in a direction opposite to the movement of = _____

Comprehension Checkup

A **Choose the best answer.**

1. **What is this passage mainly about?**
   a. what causes earthquakes
   b. what is in the earth's core
   c. what the earth is composed of
   d. why we need to build stronger buildings

2. **What is the theory that explains what causes earthquakes?**
   a. the melted rock theory
   b. the theory of plate tectonics
   c. the moving heat theory
   d. the tremendous impact theory

3. **What happnes when earthquakes occur at the boundaries of plates?**
   a. Heat begins to rise.
   b. Cracks are put in motion.
   c. Melted rock flows like liquid.
   d. Tremendous impacts hit the crust.

4. **What should we do to protect ourselves from earthquakes?**
   a. We should stop the earth from constantly moving.
   b. We should find out how to prevent the mantle from moving.
   c. We should study how to build buildings to withstand earthquakes.
   d. We should find out why some earthquakes are a lot worse than others.

LEVEL UP! 5. **Inference** **What can be inferred from the passage?**
   a. It's not allowed to build buildings at the boundaries of plates.
   b. The mantle continues to rise and fall without humans realizing it.
   c. It's impossible to mesure vibrations from the movement of the mantle.
   d. The heat from the core of the earth feels differently from the location of the plates.

LEVEL UP! **B** **Writing** **Write the correct words to complete the sentence.**

6. The reason for earthquakes has to do with _____ _the_ _____ _____
   _____, and _____ _their_ _____ _____ .

Vocabulary & Grammar

A Choose the correct words to fill in the blanks.

boundaries documented vibrations motions tremendous withstand

1. The reason for earthquakes has to do with the earth's plates and their _____ .

2. We need safer and stronger buildings that can _____ earthquakes.

3. Destructive earthquakes occur frequently in countries near the _____ of plates.

4. When the mantle moves toward the earth's surface with force, the _____ travel through the crust.

5. The most scientifically _____ theory is plate tectonics.

6. If an earthquake occurs at the boundary of a plate, there is a _____ impact on the crust.

B Choose the correct words to complete the sentences.

> **ex.** The rock material here is melted because of the heat <u>from</u> the core of the earth.
>
> *Prepositions: with, from, against, under*

1. It states that the reason for earthquakes has to do (*from* / *with*) the earth's plates and their motions.

2. (*Under* / *With*) the crust is the mantle.

3. The rock material here is melted because of the heat (*under* / *from*) the core of the earth.

4. As heat begins to rise, the mantle rises and pushes (*with* / *against*) the bottom of the crust.

5. We cannot prevent the mantle (*from* / *against*) moving or earthquakes (*from* / *with*) occurring.

A **Cause & Effect** **Fill in the blanks to complete the organizer.**

Cause	Effect
heat from the 1._____ of the earth	The rock material under the crust is 2._____.
Heat begins to rise.	The mantle rises and pushes against the 3._____ of the crust.
The mantle moves 4._____ earth's surface with force.	Cracks in the crust called faults are put in 5._____.
Earthquakes occur at the boundaries of plates.	Tremendous impacts hit the crust, and their vibrations 6._____ out in all directions.

→

core   melted   spread   bottom   toward   motion

B **Fill in the blanks to complete the summary.**

boundaries   directions   vibrations   mantle   plates   surface

The theory of plate tectonics states that the reason for earthquakes has to do with the earth's ❶_____ and their motions. The mantle is melted rock under the earth's crust. When the ❷_____ gets hotter, it pushes against the crust. Once it pushes the earth's ❸_____ forcefully, the plates move against each other and send vibrations through the crust. When earthquakes occur at the ❹_____ of plates, tremendous impacts hit the crust, and their ❺_____ spread out in all ❻_____.

Everything Is
Matter

✔ *Check Your Background Knowledge*

Circle the correct words.

1. Look all around. Most of what you see is (*matter* / *problem*).
2. A desk is matter. A desk is a solid. A solid has a (*shape* / *pattern*).
3. The air in a ball is matter. It is a gas. A gas can change shape and (*color* / *volume*).

Everything Is Matter 🎧

Everything you have ever touched is matter. Pencils, books, computers, and even the air you breathe are all matter. So what is matter? Matter is made up of elements, and elements are made up of atoms. Atoms are so tiny that you need a special microscope to see them. Matter can be strong or weak. The strength of matter depends on how the atoms are arranged.

▲ A diamond is the hardest natural material known.

Matter has different properties. You use your knowledge of the properties of matter every day. To build a house, you would use metal and wood instead of paper. You know that paper is weak and that metal and wood are strong.

The properties of matter can change. There are two different ways that the changes can happen. ❶Matter can change physically or chemically. A physical change can be seen by the senses. When you

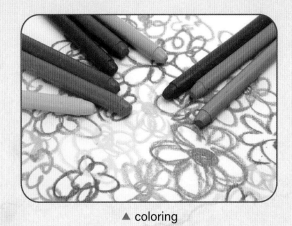

▲ coloring

▲ burning wood and its ash

color a drawing on a piece of paper, you are making a physical change to the paper. The matter is still paper. Only its appearance has changed.

❷A chemical change happens when the atoms in the matter change. A new material is formed when there is a chemical change. New materials form when wood burns in a fireplace. As the wood burns, you can see it turning into black ash. You can also smell something in the air. The wood made a chemical change as it turned into ash and carbon dioxide gas.

(Word Count ▶ 233)

- **physical:** existing in a form that you can touch or see
- **appearance:** the way that someone or something looks
- **chemical:** relating to chemistry

Grammar Quiz

Adjectives vs. Adverbs

- Find the adjectives or the adverbs in sentences ❶ and ❷.

❶ _____   ❷ _____

A **Choose the best answer.**

1. **What is this passage mainly about?**
   a. what matter is made of
   b. the properties of matter
   c. why matter can be strong or weak
   d. what materials are needed to build a house

2. **Which statement about matter is not true?**
   a. Matter can be stong or weak.
   b. Matter is made up of elements.
   c. Matter has different properties.
   d. Matter cannot change chemically.

3. **What is an example of a physical change?**
   a. I baked bread with flour.
   b. I made a desk out of wood.
   c. I burned wood in a fireplace.
   d. I took a picture with a camera.

4. **What is an example of a chemical change?**
   a. I tore up some of my notes.
   b. I folded a sheet of paper into a plane.
   c. I colored a drawing on a piece of paper.
   d. I boiled some water and let it evaporate.

LEVEL UP! 5. **Purpose** **Why does the author mention a microscope?**
   a. to explain how tiny atoms are
   b. to give an example of strong matter
   c. to stress that elements and atoms are different
   d. to say why we need scientific experimental tools

LEVEL UP! **B** **Writing** **Write the correct words to complete the sentences.**

6. The properties of matter can change. Matter _____*can*_____ _____ _____ _____*or*_____ _____.

A Choose the correct words to fill in the blanks.

> knowledge   elements   microscope   arranged   physical   chemical

1. When you color a drawing on a piece of paper, you are making a
   _____ change to the paper.

2. How the atoms are _____ determines the strength of matter.

3. The wood made a _____ change as it turned into ash and carbon-
   dioxide gas.

4. You use your _____ of the properties of matter every day.

5. You need a special _____ to see tiny atoms.

6. Matter is made up of _____, which are made up of atoms.

B Write "J" if the underlined words are adjectives, and write "D" if
they are adverbs.

> **ex.**   **The matter is <u>still</u> paper.**
>   *Adverb*

1. You know that paper is weak and that metal and wood are <u>strong</u>.   _____

2. Matter can change <u>physically</u> or <u>chemically</u>.   _____

3. A <u>physical</u> change can be seen by the senses.   _____

4. <u>Only</u> its appearance has changed.   _____

5. A <u>chemical</u> change happens when the atoms in the matter change.   _____

A **Main Idea & Details** Fill in the blanks to complete the organizer.

Main Idea: Properties of Matter

Detail 1: What Matter Is

- made up of 1._____
  (← made up of atoms)
- how the atoms are
  arranged → the
  2._____ of matter

Detail 2: How the Properties of Matter Change

1) a physical change
- can be seen by the
  3._____
- Only the 4._____
  of matter changes.

2) a 5._____
   change
- when the 6._____
  in the matter change
- A new material is
  formed.

strength   atoms   senses   appearance   chemical   elements

B Fill in the blanks to complete the summary.

microscope   paper   ash   physically   tiny   chemically

Matter is made up of elements which are made up of atoms. Atoms are so ❶_____ that you need a special ❷_____ to see them. Matter has different properties. You use your knowledge of the properties of matter every day. Matter can change ❸_____. When you color a drawing on a piece of paper, the matter is still ❹_____. Only its appearance has changed. Matter can change ❺_____. It happens when the atoms in the matter change. When wood burns, it turns into ❻_____ and carbon dioxide gas.

· Review Test ·

▶ Answer Key p.71

A. Check the correct words to complete the sentences.

1. All ants are social insects. They live in _____.
   a. continents   b. colonies   c. eggs   d. boundaries

2. The queen begins her life with wings, which she uses while _____.
   a. defending   b. enlarging   c. mating   d. hunting

3. The soldiers often _____ other colonies and capture slaves.
   a. raid   b. collect   c. fly   d. spend

4. A black hole is so _____ than it can trap space material forever.
   a. melted   b. tremendous   c. large   d. dense

5. _____ can locate a black hole by observing a star that is near it.
   a. Microscopes   b. The workers   c. Astronomers   d. Galaxy

6. The most scientifically _____ theory on what causes earthquakes
   is plate tectonics.
   a. documented   b. constant   c. occurring   d. destructive

7. When earthquakes occur at the boundaries of plates, tremendous
   _____ hit the crust.
   a. cracks   b. motions   c. impacts   d. countries

8. We need to study how to build stronger buildings to _____ earthquakes.
   a. vibrate   b. reduce   c. prevent   d. withstand

9. The strength of matter depends on how the atoms are _____.
   a. touched   b. arranged   c. used   d. formed

10. Atoms are so tiny that you need a special _____ to see them.
    a. sense   b. paper   c. microscope   d. metal

B. Correct the underlined parts.

1. She loses her wings and spends her life <u>laid</u> eggs. ➡ _____

2. Their job is flying out and <u>to mate</u> with the winged queens from other colonies. ➡ _____

3. Scientists think that there are two ways a black hole can <u>forming</u>. ➡ _____

4. It can <u>collapses</u> on itself and create a giant black hole. ➡ _____

5. <u>With</u> the crust is the mantle. ➡ _____

6. The rock material here is melted because of the heat <u>against</u> the core of the earth. ➡ _____

7. As heat begins to rise, the mantle rises and pushes <u>from</u> the bottom of the crust. ➡ _____

8. There could <u>were</u> earthquakes near the volcano. ➡ _____

9. You know that paper is weak and that metal and wood are <u>strongly</u>. ➡ _____

10. Matter can change <u>physical or chemical</u>. ➡ _____

Social Studies

The Grand Canyon

✔ *Check Your Background Knowledge*

Circle the correct words.

1. When there are (*pebbles* / *cracks*) in a rock, water gets into them.
2. The water can freeze and (*push* / *knock*) the rock apart in the winter.
3. The cracks get bigger and end up (*washing* / *breaking*) the rock apart.

The Grand Canyon 🎧

The Grand Canyon is located in northwest Arizona in the United States. The scale of this rocky landscape is breathtaking. It is nearly 450 kilometers long and almost 2 kilometers deep. The walls of this canyon are made up of approximately forty different rock layers. Each layer of the canyon shows a different period in the earth's history. The lowest layers existed long before the dinosaurs lived on the earth.

The canyon spans many different elevations, so it has many habitats. Hundreds of species of animals live in these habitats. Near the river, coyotes, skunks, tree frogs, and rattlesnakes are common. In the inner canyon, thousands of bats and California condors roam the desert skies. In the forests, more than 50 species of mammals, including porcupines, black bears, foxes, and elk can be found.

▲ view from Mohave Point of the Colorado River flowing through the Grand Canyon

Vocabulary

- **scale:** the size or extent of something, especially when it is very big
- **breathtaking:** astonishing so as to take one's breath away
- **approximately:** around; roughly
- **layer:** a thickness of some material laid on a surface
- **elevation:** a height above the level of the sea
- **roam:** to travel, usually for a long time, with no clear purpose
- **remote:** far from towns or other places where people

It also has several different climates and various trees and other plants. ❶Near the top, where <u>it</u> is the coolest, there are blue spruce and aspen trees. Lower down, there are yellow pines. ❷On the floor of the canyon, where <u>it</u> is desertlike, the most common plants are cacti.

The Grand Canyon is also an important cultural area. Native American groups once lived there and created unique cultures. Although only 600 Havasupai, Native Americans, remain now, they still live in the remote inner canyon. The American government designated this area as a special place to preserve them and their culture.

(Word Count ▶ 234)

▲ a porcupine

▲ a bighorn sheep

live
• **designate:** to choose someone or something for a particular job or purpose

Grammar Quiz

Relative adverb *where*

• **Find what the underlined *it* refers to in sentences ❶ and ❷.**

❶ _____   ❷ _____

A Choose the best answer.

1. **What is the passage mainly about?**
   a. the location and history of the Grand Canyon
   b. the weather and animals in the Grand Canyon
   c. why the Grand Canyon is an important cultural area
   d. the scale of the Grand Canyon and its plants and animals

2. **Why do hundreds of species of animals live in the Grand Canyon?**
   a. The canyon is located near the ocean.
   b. The walls of the canyon are made up of forty different rock layers.
   c. The canyon is protected as a special place by the American government.
   d. The canyon spans many different elevations, which means many habitats.

3. **Why is the Grand Canyon an important cultural area?**
   a. It varies in width from about 2 to 29 kilometers.
   b. It is the habitat for endangered animals such as black bears and elk.
   c. Native American groups once lived there and created unique cultures.
   d. Blue spruce, aspen trees, and yellow pines are growing there at the same time.

4. **Which statement about the Grand Canyon is not true?**
   a. Near the top, the most common plants are cacti.
   b. It has several different climates and various plants.
   c. It is located in northwest Arizona in the United States.
   d. It is nearly 450 kilometers long and 2 kilometers deep.

5. **Purpose Why does the author mention dinosaurs in paragraph 1?**
   a. to say why many people visit the canyon
   b. to stress that the scale of the canyon is breathtaking
   c. to show how long ago the canyon began to be formed
   d. to give details of various animals that had lived in the canyon

B **Writing** Write the correct words to complete the sentences.

6. The walls of the Grand Canyon are made up of approximately ___*forty*___
   _____ _____ _____. Each layer of the canyon shows
   ___*a*___ _____ _____ in the earth's history.

A Choose the correct words to fill in the blanks.

| breathtaking | layers | elevations | roam | remote | designated |

1. There are about forty different rock _____ in the walls of the Grand Canyon.

2. In the inner canyon, you can see lots of California condors _____ the desert skies.

3. The scale of the Grand Canyon is _____ .

4. There are still Native Americans living in the _____ inner canyon.

5. To protect Native Americans and their culture, the American government _____ a special area in the remote inner canyon.

6. Since the Grand Canyon spans many different _____ , there are many habitats.

B Choose the correct words to complete the sentences.

> **ex.** **Near the top, <u>where it is the coolest</u>, there are blue spruce and aspen trees.**
> *Relative pronoun where*

1. In the inner canyon, (*where is it* / *where it is desertlike*), thousands of bats and California condors roam the skies.

2. Near the top, (*where is the coolest place* / *where it is the coolest*), there are blue spruce and aspen trees.

3. On the floor of the canyon, (*where is desertlike* / *where it is desertlike*), the most common plants are cacti.

4. Lower down, (*where it is* / *where it is cool*), there are yellow pines.

A **Main Idea & Details** Fill in the blanks to complete the organizer.

> **Main Idea: The Features of the Grand Canyon**

Detail 1: Geographical Features

- 450 kilometers long and 2 kilometers 1._____
- made up of approximately forty different 2._____

Detail 2: An Important Area for Animals and Plants

- spans many different 3._____ → many habitats
- has several different 4._____ → various trees and other plants

Detail 3: An Important Cultural Area

- Native American groups still live in the remote 5._____ canyon.
  → 6._____ as a special place by the American government

| layers | inner | deep | elevations | designated | climates |

B Fill in the blanks to complete the summary.

| cultural | spans | species | preserve | scale | remote |

The ❶_____ of the Grand Canyon is breathtaking. Since the canyon ❷_____ many different elevations, it has many habitats. Hundreds of ❸_____ of animals live in these habitats. It also has several different climates, and various plants live there. The Grand Canyon is also an important ❹_____ area. Havasupai, Native Americans, still live in the ❺_____ inner canyon. The American government designated this area as a special place to ❻_____ their culture.

The Eiffel Tower

✔ *Check Your Background Knowledge*

Circle the correct words.

1. France and the United States (*share* / *agree*) a special past.
2. People in France also declared (*laws* / *liberty*) from the king of England.
3. France wanted to (*greet* / *remember*) its friendship with the United States.

The Eiffel Tower 🎧

It is impossible not to see the Eiffel Tower in Paris because it can be seen from all directions. The Eiffel Tower was built for the World Exhibition in 1889 to celebrate the 100th year anniversary of the French Revolution.

This massive iron tower rises 300 meters high. When it was completed at the end of the 19th century, it was the tallest structure in the world. (A) Unlike skyscrapers, ❶the Eiffel Tower had an open frame without any intermediate floors except for two platforms. Pure iron was the only material used in the construction. (B) As soon as it was built in Paris, the tower became the center of people's attention. ❷Many critics claimed that it did not reflect the city's elegant character. (C).

Vocabulary

- **exhibition:** a show of paintings, photographs, or other objects that people can go to see
- **skyscraper:** a very tall modern city building
- **intermediate:** situated between two points
- **critic:** a person who expresses an unfavorable opinion of something
- **elegant:** graceful and stylish in appearance or manner

Originally, according to the rules of the competition, the tower was only supposed to stand for 20 years before it would be torn down. However, the tower was impossible to tear down due to its immense size and iron composition. (D) The tower began to be used for radio broadcasting, and, finally, city officials opted to save the tower.

Over the years, the Eiffel Tower has been the site of numerous national ceremonies and events. What was once considered an eyesore has become one of the most recognized symbols in the world.

(Word Count ▶ 213)

▲ *360° panorama from the top of the Eiffel Tower* photo by Armin Hornung

- **competition:** an event in which people compete
- **tear down:** to take apart
- **opt:** to make a choice

Grammar Quiz

Verbs that require an object

- **Find the objects of the verbs in sentences ❶ and ❷.**

❶ _____

❷ _____

A Choose the best answer.

1. **What is the passage mainly about?**
   a. what the World Exhibition is
   b. the reason why the Eiffel Tower was constructed
   c. how the Eiffel Tower became a recognized symbol
   d. the buildings and towers that reflect Paris' elegant character

2. **Why was the Eiffel Tower built?**
   a. to attract tourists to Paris
   b. to use it for radio broadcasting
   c. to use it as the site of numerous national ceremonies
   d. to celebrate the 100th year anniversary of the French Revolution

3. **How was the Eiffel Tower different from skyscrapers?**
   a. It had an open frame.
   b. It had many platforms.
   c. It had intermediate floors.
   d. It could be seen from all directions.

4. **Which statement about the Eiffel Tower is not true?**
   a. It was made entirely of pure iron.
   b. It is the tallest structure in the world.
   c. Many critics claimed it didn't suit Paris.
   d. It was not torn down due to its immense size and iron composition.

LEVEL UP! 5. **Insertion** Where could the following sentence be added?

Some artists called the massive iron tower monstrous.

   a. (A)   b. (B)   c. (C)   d. (D)

LEVEL UP! **B** **Writing** Write the correct words to complete the sentence.

6. Although the Eiffel Tower was considered an eyesore, it has become one of
   ___the___ _____ _____ _____ in the world.

Vocabulary & Grammar

A Choose the correct words to fill in the blanks.

> critics   skyscrapers   intermediate   competition   tear down   opted

1. According to the rules of the _____, the tower was only supposed to stand for 20 years.

2. The Eiffel Tower had an open frame that did not have any _____ floors.

3. Many _____ claimed that it did not reflect the city's elegant character.

4. Unlike _____, the Eiffel Tower was made only of pure iron.

5. The tower was impossible to _____ because of its immense size.

6. The tower began to be used for radio broadcasting, and, finally, city officials _____ to save the tower.

B Choose the correct words to complete the sentences.

> **ex.** **Many critics claimed** *that it did not reflect the city's elegant character.*
> *Verbs that require an object*

1. The Eiffel Tower was built to celebrate (*the 100th year anniversary of the French Revolution* / *to the 100th year anniversary of the French Revolution*).

2. The Eiffel Tower had (*an open frame* / *that an open frame*) without any intermediate floors except for two platforms.

3. Many critics claimed (*to it did not reflect the city's elegant character* / *that it did not reflect the city's elegant character*).

4. It did not reflect (*the city's elegant character* / *to the city's elegant character*).

5. The tower began (*being used for radio broadcasting* / *to be used for radio broadcasting*).

Organization & Summary

A **Main Idea & Details** **Fill in the blanks to complete the organizer.**

Main Idea: The Eiffel Tower

Detail 1: Features
- 300 meters high
- a massive [1.]_____ tower
- having an open frame without any intermediate floors except for two [2.]_____

Detail 2: Criticism
- It did not reflect the city's [3.]_____ character.
- Some artists called it [4.]_____.

Detail 3: Preservation
- It was impossible to tear down due to its [5.]_____ size and iron [6.]_____.
- used for radio broadcasting
- the site of numerous national ceremonies

| iron | elegant | composition | immense | platforms | monstrous |

B **Fill in the blanks to summarize the story.**

| symbols | broadcasting | celebrate | intermediate | reflect | opted |

The Eiffel Tower was built for the World Exhibition in 1889 to ❶_____ the 100th year anniversary of the French Revolution. It had an open frame without any ❷_____ floors except for two platforms. Many critics claimed that it did not ❸_____ the city's elegant character. Some artists called the iron tower monstrous. The tower began to be used for radio ❹_____, so city officials ❺_____ to save the tower. The Eiffel Tower has become one of the most recognized ❻_____ in the world.

80

Inventing the Telephone

✔ *Check Your Background Knowledge*

Circle the correct words.

1. New things that are made or (*created* / *replied*) are called inventions.
2. Writers can invent (*forces* / *characters*) and then write stories about them.
3. Inventions have made life (*easier* / *heavier*) for us.

Inventing the Telephone

▲ Alexander Graham Bell

It was March 10, 1876. The place was a small laboratory in Boston. A young man heard the instrument speak, "Mr. Watson, come here. I want you." The young man rushed into the other room, where his employer, Alexander Graham Bell, was sitting in front of his invention. ❶Those were the first words spoken over the telephone.

Before the telephone was invented, people used the telegraph to send messages long distances. The telegraph is a system of sending messages through wires by using clicks that stand for letters. Bell thought that if electric wires could carry telegraph clicks, they could also carry human speech, too.

Bell started his experiment with his helper, Watson. One day, Watson plucked a thin steel reed in Bell's telegraph with his finger. In another

Vocabulary

- **laboratory:** a special room where a scientist does tests or prepares substances
- **instrument:** a tool or device used for a particular purpose
- **employer:** a person, company, or organization that employs people
- **stand for:** to be a symbol for
- **take part in:** to be involved

room, Bell heard the sound in his instrument as it vibrated. It came through wires. Bell was sure that electricity could send voices through wires. Then, Bell and Watson started to make a machine that used electricity to send voices. It was the telephone.

❷By the end of 1877, the Bell Telephone Company had formed, and many phones were in use. Bell himself did not take part in the telephone business. Instead, he continued to conduct many experiments. Bell died on August 2, 1922. He was so greatly admired that during his funeral the telephones in North America were silent in his honor.

(Word Count ▶ 232)

- **conduct:** to organize and carry out
- **admire:** to respect
- **funeral:** a ceremony for burying someone who has died

Grammar Quiz

Past participle

- **Find the past participles in sentences ❶ and ❷.**

  ❶ _____

  ❷ _____

A Choose the best answer.

1. **What is the passage mainly about?**
   a. how the telephone works
   b. how people use the telephone
   c. how Bell invented the telephone
   d. the differences between the telegraph and the telephone

2. **How did people send messages before the telephone was invented?**
   a. through email
   b. through thin steel reeds
   c. through electric wires by speaking
   d. through wires by using clicks that stand for letters

3. **Which statement about the telephone is not true?**
   a. Mr. Watson helped Bell invent it.
   b. Bell invented the telegraph before inventing it.
   c. It is a machine that uses electricity to send voices.
   d. The Bell Telephone Company had formed by the end of 1877.

4. **What happened to the phones in North America during Bell's funeral?**
   a. They were stolen.
   b. They started to ring.
   c. They could not be found.
   d. They were silent in honor of Bell.

LEVEL UP! 5. **Inference** **What can be inferred from the passage?**
   a. Watson had a disagreement with Bell.
   b. Bell was more of a researcher than a businessman.
   c. Bell had no other outstanding inventions other than the telephone.
   d. The telegraph has disappeared since the invention of the telephone.

LEVEL UP! **B** **Writing** **Write the correct words to complete the sentences.**

6. Bell and Watson started to make an instrument that ___*used*___ _____ _____ _____ _____. It was the telephone.

Vocabulary & Grammar

A Choose the correct words to fill in the blanks.

| laboratory | instrument | employer | take part in | admired | funeral |

1. Alexander Graham Bell was Watson's _____.

2. Alexander Graham Bell was _____ by everyone.

3. Bell formed the Bell Telephone Company but did not _____ it.

4. Bell started to make an _____ that used electricity to send voices.

5. During Bell's _____, the telephones in North America were silent in his honor.

6. The telephone was invented in a small _____ in Boston.

B Choose the correct words to complete the sentences.

> **ex.**
> ### Those were the first words <u>spoken</u> over the telephone.
> *Past participle*

1. Before the telephone was (*inventing* / *invented*), people used the telegraph.

2. Electricity is (*using* / *used*) to send voices over the telephone.

3. The Bell Telephone Company had (*formed* / *form*), and many phones were in use.

4. Bell was so greatly (*admiring* / *admired*) that during his funeral the telephones in North America were silent in his honor.

5. Those were the first words (*speaking* / *spoken*) over the telephone.

A Listing **Fill in the blanks to complete the organizer.**

	The Histroy of the Telephone
Before 1876	The telegraph: sending messages through 1._____ by using clicks that 2._____ letters
In 1876	The telephone: Bell and Watson invented it. They used electricity to send 3._____.
By the end of 1877	The Bell Telephone Company had formed. Many phones were 4._____.
August 2, 1922	Bell died. During his 5._____, the telephones in North America were silent in his 6._____.

funeral   voices   in use   wires   honor   stand for

B **Fill in the blanks to complete the summary.**

died   distances   spoken   admired   silent   electricity

Before 1876, people used the telegraph to send messages long

❶_____. Bell and Watson started to make a telephone that used

❷_____ to send voices. "Mr. Watson, come here. I want you."

Those were the first words ❸_____ over the telephone on March

10, 1876. By the end of 1877, the Bell Telephone Company had formed,

and many phones were in use. Bell ❹_____ on August 2, 1922. He

was so greatly ❺_____ that during his funeral the telephones in

North America were ❻_____ in his honor.

Henry Ford: An Icon of the Modern Automobile

✔ *Check Your Background Knowledge*

Circle the correct words.

1. Transportation (*rises* / *moves*) people or things from one place to another.
2. The (*speed* / *weight*) and variety of transportation are more important than they were in the past.
3. Planes are more (*varied* / *recorded*) in shapes and sizes.

Henry Ford: An Icon of the Modern Automobile 🎧

▲ Henry Ford

When people hear the name Ford, they think of the American automobile. ❶This is not surprising because Henry Ford was a pioneer in the modern automobile industry.

Ford was born to a farming family. But he was more interested in farm machinery than in farming. After marriage, Henry started working to make better automobiles. At that time, several automobiles in their early stages had already been made and were being used in Europe and the United States. Ford had a vision that the automobile would replace the horse, buggy, and railroad as a cheaper means of transportation.

After he produced his first reliable car, the Model A, in 1903, he continually worked to improve the car's functions. Then, in 1908, Ford designed the Model T. It was specifically designed to appeal to the masses. It was light, fast, and much stronger than any other automobile at that time.

Vocabulary

- **pioneer:** a person who helps create or develop new ideas, methods, etc.
- **machinery:** machines of a particular kind or machines in general
- **vision:** a thought or concept formed by the imagination
- **transportation:** any type of vehicle that people can travel in or carry goods in
- **reliable:** consistently good in quality or performance; able to be trusted

❷The Model T affected the existing manufacturing system. It sold much faster than Ford could manufacture it. Naturally, Ford looked for ways to speed up the manufacturing process. Ford developed an efficient assembly line in which each worker did one simple job as the car moved along on a moving belt.

▲ the Ford Model T

▲ a mass-production system

Henry Ford did not invent the automobile. However, he developed automobiles that many middle-class Americans could afford. At the same time, he was the industrialist who set up the basis of an efficient mass-production system.

(Word Count ▶ 234)

- **appeal:** to be attractive or interesting
- **manufacture:** to make something in a factory, usually in large quantities
- **industrialist:** a person who owns or runs an industrial company

Grammar Quiz

Present participle

- Find the present participles in sentences ❶ and ❷.

❶ _____

❷ _____

Comprehension Checkup

A Choose the best answer.

1. **What is the passage mainly about?**
   a. where Henry Ford was raised
   b. how Henry Ford developed automobile
   c. how Henry Ford invented the automobiles
   d. how the Model T was different from the Model A

2. **What kind of vision did Henry Ford have? (Choose two answers.)**
   a. He would replace the Model A with the Model T.
   b. Cars would be a cheaper means of transportation.
   c. Horses and railroads would no longer be used as a means of transportation.
   d. Cars would replace old mode of transportation such as horses and railroads.

3. **Which statement about the Model A and the Model T is not true?**
   a. The Model A was Henry Ford's first reliable car.
   b. The Model A was designed to appeal to the masses.
   c. The Model T sold much faster than Ford could produce it.
   d. The Model T was light, fast, and much stronger than any other cars at that time.

4. **What could be 'the basis of an efficient mass-production system' in paragraph 5?**
   a. an assembly line
   b. the modern automobile industry
   c. workers who do one simple job
   d. the improvement of a car's functions

5. **Inference** **What can be inferred from the passage?**
   a. The first automobile was invented in Europe.
   b. The Model A was a lot more expensive than the Model T.
   c. Before the Model A, automobiles had not yet become popular.
   d. Henry Ford's parents wanted him to take over the family business.

B **Writing** Write the correct words to complete the sentence.

6. Henry Ford not only developed automobiles that ___*many*___ _____
_____ _____ _____ but also set up the basis of an efficient mass-production system.

90

Vocabulary & Grammar

A Choose the correct words to fill in the blanks.

| manufacture machinery pioneer vision appeal transportation |

1. Ford believed that automobiles would be a cheaper means of _____.

2. Henry Ford was a _____ in the modern automobile industry.

3. Ford designed the Model T to _____ to the masses.

4. Ford had a _____ that automobiles would replace the horse, buggy, and railroad.

5. Henry Ford was more interested in farm _____ than in farming.

6. The Model T sold much faster than Ford could _____ it.

B Choose the correct words to complete the sentences.

> **ex.** **The Model T affected the <u>existing</u> manufacturing system.**
> *Present participle*

1. This is not (*surprising* / *surprised*) because Henry Ford was a pioneer in the modern automobile industry.

2. Ford was born to a (*farm* / *farming*) family.

3. After marriage, Henry started (*working* / *worked*) to make better automobiles.

4. Several automobiles in their early stages were (*being* / *been*) used in Europe and the United States.

5. He developed an efficient assembly line in which each worker did one simple job as the car moved along on a (*move* / *moving*) belt.

A **Sequence** Order the sentences.

1	Henry Ford was born to a farming family.
	In 1908, Ford designed the Model T.
	Ford produced his first reliable car, the Model A in 1903.
4	Ford continually worked to improve the car's functions.
	Ford developed an efficient assembly line.
	It sold much faster than Ford could manufacture it.
	So he looked for ways to speed up the manufacturing process.
	Ford started working to make better automobiles.

B Fill in the blanks to complete the summary.

> stronger   automobile   produced   simple   process   afford

Henry Ford was a pioneer in the modern ❶_____ industry. Henry started working to make better automobiles. Ford ❷_____ his first reliable car, the Model A, in 1903. In 1908, Ford designed the Model T. It was light, fast, and much ❸_____ than any other automobile at that time. Ford looked for ways to speed up the manufacturing ❹_____. He developed an efficient assembly line in which each worker did one ❺_____ job as the car moved along on a moving belt. Henry Ford developed automobiles that many middle-class Americans could ❻_____.

· Review Test ·

▶ Answer Key p.72

A. Check the correct words to complete the sentences.

1. The scale of this rocky landscape is _____.

   a. remote   b. reliable   c. breathtaking   d. several

2. The canyon spans many different _____, so it has many habitats.

   a. elevations   b. species   c. layers   d. groups

3. Thousands of bats and California condors _____ the desert skies.

   a. rise   b. opt   c. designate   d. roam

4. Many _____ claimed that it did not reflect the city's elegant character.

   a. critics   b. competitions   c. ceremonies   d. symbols

5. The tower was impossible to tear down due to its _____ size and iron composition.

   a. intermediate   b. immense   c. numerous   d. admired

6. Finally, city officials _____ to save the tower.

   a. tore   b. supposed   c. opted   d. considered

7. Alexander Graham Bell, who was Watson's _____, was sitting in front of his invention.

   a. reed   b. voice   c. laboratory   d. employer

8. Bell himself did not _____ the telephone business.

   a. take part in   b. tear down   c. interested in   d. vibrate

9. Henry Ford continually worked to _____ the car's functions.

   a. produce   b. improve   c. manufacture   d. move

10. The Motel T was _____ designed to appeal to the masses.

    a. expensively   b. specifically   c. naturally   d. approximately

B. Correct the underlined parts.

1. Near the top, where <u>is it</u> the coolest, there are blue spruce and aspen trees.

   ➡ _____

2. On the floor of the canyon, <u>which</u> it is desertlike, the most common plants are cacti.

   ➡ _____

3. The Eiffel Tower celebrated <u>to the 100th year anniversary of the French Revolution.</u>

   ➡ _____

4. Many critics claimed that it did not reflect <u>that the city's elegant character.</u>

   ➡ _____

5. The tower began <u>be used</u> for radio broadcasting.   ➡ _____

6. Those were the first words <u>speaking</u> over the telephone.

   ➡ _____

7. By the end of 1877, the Bell Telephone Company had <u>form.</u>

   ➡ _____ .

8. Ford was born to a <u>farmed</u> family.   ➡ _____

9. Several automobiles in their early stages were <u>been</u> used in Europe and the United States.

   ➡ _____

10. He developed an efficient assembly line in which each worker did one simple job as the car moved along on a <u>moved</u> belt.   ➡ _____

Pompeii Comes Alive

✔ *Check Your Background Knowledge*

Circle the correct words.

1. The Great Wall of China is the longest wall ever (*built* / *drawn*).
2. In the 3rd century B.C., Shi Huangdi (*seized* / *constructed*) power.
3. It was built by various dynasties over a few (*ways* / *centuries*).

Pompeii Comes Alive 🎧

On August 24 in 79 A.D., a bustling prosperous city was totally destroyed all at once. In twenty-four hours of terror, Pompeii, on the southwestern coast of Italy, was completely buried.

The volcano Vesuvius, located about 8 kilometers north of Pompeii, suddenly erupted. Dark clouds, hot cinders, ash, and poisonous gas poured from its cone. The terrifying eruption buried Pompeii beneath 3 to 6 meters of cinders and volcanic ash. At least 2,000 of the city's 20,000 inhabitants were killed. The layers of ash sealed up the people's homes with their furniture and other belongings inside. They stayed buried for nearly 2,000 years.

▲ the Eruption of Vesuvius as Seen from Naples, October, 1822 by George Julius Poulett Scrope

❶In 1709, a farmer digging a well in the countryside near Vesuvius discovered some pieces of marble. It was the beginning of the excavation of Pompeii. Fortune hunters came and

Vocabulary

- **prosperous:** rich and successful
- **cinder:** a very small piece of burned wood, coal, etc.
- **inhabitant:** a person or animal that lives in a particular place
- **seal:** to fasten or close securely
- **belongings:** something you own

dug frantically on the site for over a hundred years. In 1864, Italian archaeologists began to take charge of the excavations to preserve the ruins.

The outcome of the excavations is incredible. Well-preserved public buildings, wine shops, and restaurants were found. ❷The walls and floors decorated with paintings and mosaics also came alive. Eighty-one loaves of bread that were baked on the morning of the eruption were found in a bakery. Amazingly, they had been preserved after being buried in the ashes. Archaeologists still continue their work in Pompeii. No one can predict what will come alive tomorrow.

(Word Count ▶ 231)

- **excavation:** the action of excavating
- **archaeologist:** a person who studies human history and prehistory through the excavation of sites
- **take charge of:** to assume control or responsibility

Grammar Quiz

Omitting 'relative pronoun + be verb'

- **Find the subjects and the verbs in sentences ❶ and ❷.**

  ❶ _____

  ❷ _____

A Choose the best answer.

1. **What is the passage mainly about?**
   a. what archaeologists do
   b. how Pompeii was buried
   c. the destruction and rediscovery of Pompeii
   d. serious damage from the eruption of Vesuvius

2. **How was Pompeii destroyed all at once?**
   a. Huge waves covered the city.
   b. A terrifying earthquake destroyed Pompeii.
   c. Cinders and volcanic ash sealed up Pompeii.
   d. A poisonous gas killed all of the inhabitants of Pompeii.

3. **What was the beginning of the excavation of Pompeii?**
   a. Fortune hunters dug for treasures.
   b. Italian archaeologists took charge of the excavations.
   c. The government of Italy began to preserve the ruins of Pompeii.
   d. A farmer discovered some pieces of marble while digging a well.

4. **Which statement about Pompeii is not true?**
   a. Pompeii is still being excavated.
   b. Pompeii was a prosperous city at that time.
   c. Pompeii stayed buried for nearly 2,000 years.
   d. Pompeii has been preserved without any loss.

LEVEL UP! 5. **Purpose** Why does the author mention 81 loaves of bread in paragraph 4?
   a. to predict what will be discovered
   b. to praise the efforts of archaeologists
   c. to explain the eating habits of the people in Pompeii
   d. to stress that the traces of Pompeii were well-preserved

LEVEL UP! **B** **Writing** Write the correct words to complete the sentence.

6. Although Pompeii stayed buried for nearly 2,000 years, ____the____
   ____ ____ ____ ____ is incredible.

A Choose the correct words to fill in the blanks.

| prosperous | cinders | belongings | inhabitants | excavations | take charge of |

1. At least 2,000 of the city's 20,000 _____ were killed.

2. Dark clouds, hot _____, and poisonous gas came from the volcano.

3. Pompeii was a bustling _____ city.

4. The people's homes and other _____ were buried under volcanic ash.

5. The Pompeii _____ produced an incredible outcome.

6. In 1864, archaeologists began to _____ the excavations to preserve the ruins.

B Underlined the words that could be omitted.

ex. The walls and floors (which were) decorated with paintings and mosaics also came alive.
Omitting 'relative pronoun + be verb'

1. A city which was buried under the ground came alive.

2. A volcano which was located about 8 kilometers north of Pompeii suddenly erupted.

3. A farmer who was digging a well in the countryside near Vesuvius discovered some pieces of marble.

4. The walls and floors which were decorated with paintings and mosaics also came alive.

5. Eighty-one loaves of bread that were baked on the morning of the eruption were found in a bakery.

Organization & Summary

A Listing **Fill in the blanks to complete the organizer.**

	Rediscovery of Pompeii
79 A.D.	Pompeii was completely buried due to the 1._____ eruption of Vesuvius.
In 1709	A farmer discovered some pieces of 2._____ near Vesuvius.
In 1864	Italian archaeologists began to take charge of the excavations to preserve the 3._____ .
The Outcome of the Excavation	• 4._____ public buildings, wine shops, restaurants • the walls and floors 5._____ with paintings and mosaics • the loaves of bread 6._____ on the morning of the eruption

ruins   well-preserved   baked   decorated   terrifying   marble

B **Fill in the blanks to complete the summary.**

preserve   buried   erupted   excavation   continue   archaeologists

Pompeii stayed ❶_____ for nearly 2,000 years. On August 24 in 79 A.D., the volcano Vesuvius suddenly ❷_____, and Pompeii was completely buried. In 1709, a farmer discovered some pieces of marble near Vesuvius. It was the beginning of the ❸_____ of Pompeii. In 1864, Italian ❹_____ began to take charge of the excavations to ❺_____ the ruins. Well-preserved buildings and walls were found. Archaeologists still ❻_____ their work in Pompeii.

A Great Earthquake Hits San Francisco

✔ *Check Your Background Knowledge*

Circle the correct words.

1. An (*active* / *extinct*) volcano shows signs that it may erupt soon.
2. (*Cloud* / *Lava*) and gas may come out.
3. There could be an earthquake (*near* / *against*) the volcano.

A Great Earthquake Hits San Francisco 🎧

On Wednesday, April 18, 1906, a terrible foreshock struck San Francisco. The first devastation came at five o'clock in the morning. The earthquake twisted and shook the ground for nearly fifty seconds. However, the real massive devastation came three hours later. When a second big quake hit the city, the entire city was rocked. ❶Chimneys fell, walls caved in, and asphalt that covered the streets buckled and piled up. Then, the earthquake was finally over.

But the worst was still to come. Because most people lived in wooden houses in those days, once the gas lines broke, an unstoppable fire started. A fire that lasted for three days and nights burned the entire city. Unfortunately, most of the water mains had also broken during the

▲ *the Burning of San Francisco in 1906* photo by Harry Sterling Hooper

Vocabulary

- **foreshock:** a mild tremor before the violent shaking movement of an earthquake
- **devastation:** severe and widespread destruction or damage
- **buckle:** to bend under a weight or force
- **victim:** a person harmed, injured, or killed as a result of a crime or an accident
- **debris:** the remains of something broken down or destroyed
- **derive:** to draw or be drawn (from) in source or origin

earthquake. Even worse, the fire chief of the city was the first victim of falling debris. Without water and without leadership, the amazing city was able to get the fire under control in just four days.

▲ the fallen statue of geologist Louis Agassiz, the campus of Stanford University

❷The San Francisco earthquake was the first large natural disaster whose damage was recorded by photography. However, its importance comes from the wealth of scientific knowledge derived from it than from its sheer size. This catastrophic earthquake kick-started the scientific study of earthquakes. Finally, the analysis of the 1906 earthquake led to the creation of the elastic-rebound theory, which helps explain why earthquakes occur and remains the principal model of the earthquake cycle today.

(Word Count ▶ 235)

- **catastrophic:** involving or causing sudden great damage or suffering
- **analysis:** a careful examination of something in order to understand it better

Grammar Quiz

Relative pronouns

- **Find the relative pronouns in sentences ❶ and ❷.**

  ❶ _____

  ❷ _____

A Choose the best answer.

1. **What is the passage mainly about?**
   a. the importance of leadership
   b. the effects of the San Francisco earthquake
   c. the difference between a foreshock and a quake
   d. how the residents of San Francisco put out the fires

2. **What happened to San Francisco when the earthquake hit?**
   a. Gas lines broke.
   b. The city was flooded.
   c. Houses were rocked slightly.
   d. Asphalt covered the streets.

3. **Why did it take four days to get the fire under control? (Choose two answers.)**
   a. The water mains broke.
   b. There were still small quakes.
   c. Chimneys fell and walls caved in.
   d. The fire chief of the city was killed by falling debris.

4. **What did people learn from the analysis of the San Francisco earthquake? (Choose two answers.)**
   a. the public roles of photographers
   b. the reasons why earthquakes occur
   c. the principal model of the earthquake cycle
   d. the need for a scientific study of earthquakes

LEVEL UP! 5. **Inference** **What can be inferred from paragraph 3?**
   a. The camera began to be widely used in the early 1900s.
   b. Wooden houses were avoided after the 1906 earthquake.
   c. There are generally applied processes and stages before an earthquake occurs.
   d. San Francisco had never experienced earthquakes before the 1906 earthquake.

LEVEL UP! **B** **Writing** Write the correct words to complete the sentence.

6. The importance of the San Francisco earthquake comes from _____*the*_____
   _____ _____ _____ _____ derived from it.

Vocabulary & Grammar

A Choose the correct words to fill in the blanks.

foreshock	catastrophic	derived	debris	buckled	analysis

1. Asphalt that covered the streets _____ and piled up.

2. The fire chief of the city was killed by falling _____ from the earthquake.

3. The _____ of the earthquake led scientists to create the elastic-rebound theory.

4. A terrible _____ lasted fifty seconds during the San Francisco earthquake.

5. A wealth of scientific knowledge was _____ from the San Francisco earthquake.

6. This _____ earthquake kick-started the scientific study of earthquakes.

B Choose the correct words to complete the sentences.

> **ex.**
> **Asphalt that covered the streets buckled and piled up.**
> *Relative pronouns*

1. The earthquake (*who* / *which*) rocked the entire city was finally over.

2. Asphalt (*who* / *that*) covered the streets buckled and piled up.

3. It was the first large natural disaster (*that* / *whose*) damage was recorded by photography.

4. Its importance comes from the wealth of scientific knowledge (*which* / *whose*) was derived from it than from its sheer size.

5. The analysis of the 1906 earthquake led to the creation of the elastic-rebound theory, (*that* / *which*) helps explain why earthquakes occur.

Organization & Summary

A **Main Idea & Details** Fill in the blanks to complete the organizer.

Main Idea: The San Francisco Earthquake

Detail 1: Damage

- The entire city was 1._____.
- An 2._____ fire started.
- without water and 3._____

Detail 2: Effects

- the first large natural 4._____ whose damage was recorded by 5._____
- a wealth of scientific 6._____ derived from it
  → the elastic-rebound theory

leadership   disaster   knowledge   photography   rocked   unstoppable

B Fill in the blanks to summarize the story.

control   wooden   occur   hit   analysis   victim

In 1906, two terrible quakes ❶_____ San Francisco. Because most people lived in ❷_____ houses in those days, a fire burned the entire city. Most of the water mains had also broken. Even worse, the fire chief of the city was the first ❸_____ of falling debris. The city was able to get the fire under ❹_____ in just four days. The ❺_____ of the earthquake led to the creation of the elastic-rebound theory, which helps explain why earthquakes ❻_____.

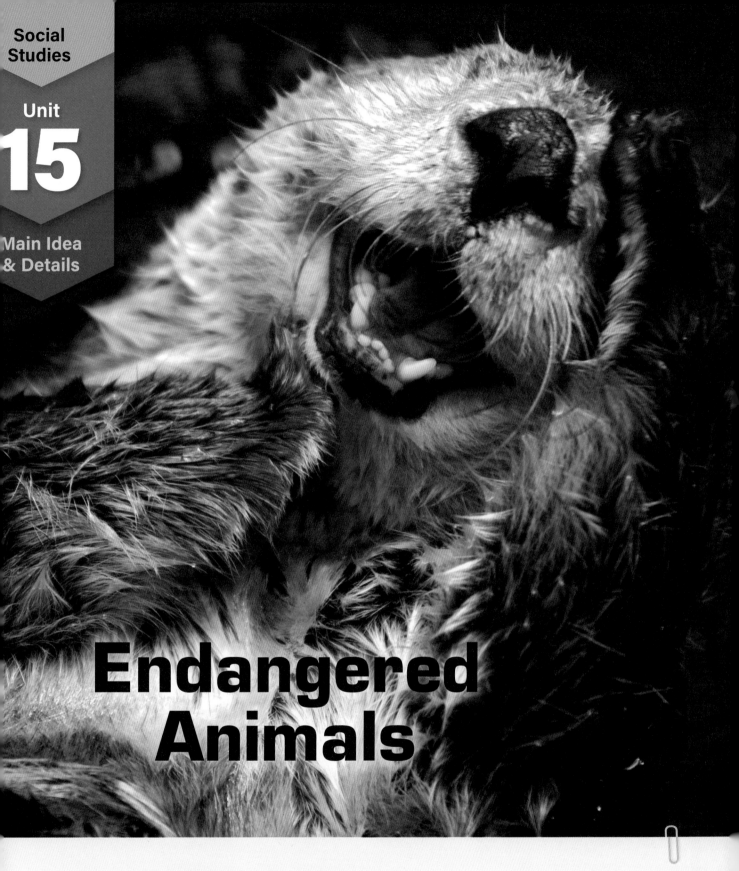

Endangered Animals

✔ *Check Your Background Knowledge*

Circle the correct words.

1. The place where an animal lives is its (*habitat* / *boundary*).
2. A (*beach* / *grassland*) is an area of land that mostly contains grasses.
3. A (*forest* / *field*) is an area of land with many trees.

Endangered Animals

There are animals that are extinct and animals that are endangered. Extinct animals do not exist anymore, but endangered animals are still alive. However, endangered animals can become extinct because there are not many of them left.

▲ California condor

❶The California condor is a large bird that looks like an eagle. The California condor is endangered. As humans started to build houses and cut down many trees, the condors did not have enough trees for nests. Gunpowder also became a threat to condors. ❷The condors ate animals that some hunters killed. But the gunpowder left in the animals made the condors sick.

Sea otters are endangered animals as well. A long time ago, people hunted sea otters for their fur. But the sea otters were being killed

> ### Vocabulary
>
> - **endangered:** seriously at risk of extinction
> - **gunpowder:** an explosive substance which is used to make fireworks or cause explosions
> - **threat:** someone or something that is regarded as a possible danger
> - **treaty:** a formal agreement between two or more countries or governments
> - **organization:** a company, business, club, etc., that is formed for a particular purpose

▲ sea otter

▲ tiger

faster than they were being born. In 1911, some countries signed a treaty not to hunt sea otters anymore.

Another endangered animal is the tiger. People hunt tigers for sport and for their fur and body parts. Organizations have worked to make hunting tigers illegal, but the hunting continues.

Scientists have taken action to try to save endangered animals. Sometimes scientists trap the animals to take them to safe places. The animals are protected and given food. When the animals are strong enough, they are sent back into the wild. It takes a lot of work and cooperation from people around the world to protect these animals.

(Word Count ▶ 232)

- **illegal:** not allowed by the law
- **take action:** to deal with a problem
- **cooperation:** the process of working together to achieve a common goal

Grammar Quiz

Relative pronoun *that*

- **Find what that-clauses refer to in sentences ❶ and ❷.**

❶ _____

❷ _____

A Choose the best answer.

1. **What is the passage mainly about?**
   a. why some animals become extinct
   b. how hunting affects the ecosystem
   c. organizations to protect endangered animals
   d. endangered animals and how to protect them

2. **Why can gunpowder be a threat to Californioa condors?**
   a. Hunters use gunpowder when hunting condors.
   b. The gunpowder in dead animals makes condors sick.
   c. Gunpowder kills the trees that condors make their nests in.
   d. Scientists use gunpowder to trap animals to take them to safe places.

3. **Why did people hunt sea otters?**
   a. for sport
   b. for their nests
   c. for their fur
   d. for their bones

4. **How do people try to protect endangered animals? (Choose two answers.)**
   a. by hunting for food for animals
   b. by making hunting animals illegal
   c. by selling animals' fur and body parts
   d. by trapping animals to take them to safe places

LEVEL UP! 5. **Inference** **What can be inferred from the passage?**
   a. Treaties to protect animals had no real effect.
   b. The California condor is at the top of the food web.
   c. It is difficult for animals cared for by humans to survive in the wild.
   d. The biggest factor in the extinction of animals is human selfishness.

LEVEL UP! **B** **Writing** Write the correct words to complete the sentence.

6. It takes a lot of ____*work*____ _____ _____ from people around
   the world to ____*protect*____ _____ _____.

Vocabulary & Grammar

A Choose the correct words to fill in the blanks.

| endangered | threat | illegal | treaty | take action | gunpowder |

1. Gunpowder can be a _____ to California condors.

2. After sea otters became endangered, some countries signed a _____ not to hunt them anymore.

3. The _____ left in the animals made the condors sick.

4. _____ animals are still alive, but there are not many of them left.

5. It is _____ to hunt tigers, but people are still hunting them.

6. People need to _____ to save endangered animals.

B Write "S" if the underlined part could be the subject of the that-clause, and write "O" if it could be the object of the that-clause.

ex.
> **There are animals <u>that</u> are extinct.**
> *Relative pronoun that*

1. There are <u>animals</u> that are endangered. _____

2. The California condor is <u>a large bird</u> that looks like an eagle. _____

3. The condors ate <u>animals</u> that some hunters killed. _____

4. <u>The gunpowder</u> that was left in the animals made the condors sick. _____

5. Sea otters are <u>also endangered animals</u> that people hunted for their fur a long time ago. _____

Organization & Summary

A **Main Idea & Details** Fill in the blanks to complete the organizer.

Main Idea: Endangered Animals

Detail 1: Examples

1) California condors
- humans' cutting down trees → not enough trees for 1._____
- the 2._____ left in the animals → making the condors sick
2) Sea otters were hunted for their fur.
3) Tigers were hunted for 3._____ and for their fur and body parts.

Detail 2: How to Protect

- Signing 4._____ not to hunt animals
- making hunting 5._____
- trapping the animals to take them to safe places
- When the animals are strong enough, they are sent back into the 6._____ .

| sport | gunpowder | nests | treaties | illegal | wild |

B Fill in the blanks to complete the summary.

| enough | safe | save | extinct | endangered | fur |

Endangered animals can become ❶_____ because there are not many of them left. As people started to cut down trees and use gunpowder, the California condor became ❷_____. People hunted sea otters for their ❸_____. They also hunted tigers for sport and for their fur and body parts. Scientists try to ❹_____ endangered animals. Scientists take the animals to ❺_____ places. When the animals are strong ❻_____, they are sent back into the wild.

Stars on Flags

✔ *Check Your Background Knowledge*

Circle the correct words.

1. When lines (*tie* / *join*) together, they make shapes.
2. Different shapes can sometimes make you feel and think (*same* / *different*) things.
3. Circles roll and can make you think of wheels, marbles, and (*balls* / *rockets*).

Stars on Flags 🎧

flag of Australia

flag of New Zealand

flag of Papua New Guinea

flag of the United States

flag of Brazil

flag of Honduras

flag of China

flag of Malaysia

flag of Turkey

Do you know the stars on the flags of different countries tell many stories? They tell about the beliefs, hopes, and dreams of the people of each country.

Sometimes the stars on flags represent specific constellations. Many countries in the Southern Hemisphere have stars on their flags featuring a constellation known as the Southern Cross. Australia, New

Vocabulary

- **belief:** a feeling that something is definitely true or definitely exists
- **constellation:** a group of stars that forms a particular pattern and has a name
- **hemisphere:** a half of the earth, especially one of the halves above and below the equator
- **territory:** an area of land that belongs to or is controlled by a government
- **federal:** relating to a form of government in which power is shared between a central government and

Zealand, and Papua New Guinea are three countries whose flags have these stars on them.

Some stars symbolize each nation's territory. ❶The American flag has fifty stars that represent the number of states in it today. The Brazilian flag also has twenty-seven stars, which represent its twenty-six states and the federal district. The five stars on the Honduran flag represent the five nations of the former Federal Republic of Central America.

Stars on flags can represent ideas as well. China's flag has five stars. One large star represents its central communist government, and the four small stars represent the people in the country. ❷The Vietnamese flag also has a star that is yellow. It represents the unity of all the people who built the country.

The star is also a symbol that shows the important role religion plays in many cultures. A star and a crescent moon can be found on the flags of many nations, including Malaysia and Turkey, where Islam is an important religion.

Are there stars on your nation's flag or the flags of neighboring countries? If there are, please learn about the stories behind the flags.

(Word Count ▶ 247)

individual states
• **district:** an area or section of a country, city, or town
• **former:** happening or existing before but not now
• **unity:** the quality of being united into one

Grammar Quiz

Subject-verb agreement in a relative clause

• **Find the verbs of the relative clauses in sentences ❶ and ❷.**

❶ _____   ❷ _____

A Choose the best answer.

1. **What is the passage mainly about?**
   a. which flag has the biggest star
   b. various symbols on national flags
   c. what stars on flags can represent
   d. why some flags do not have stars on them

2. **What do the stars on the Australian flag represent?**
   a. its territory
   b. the important role of religion
   c. the federal districts
   d. a constellation known as the Southern Cross

3. **What does the large star on China's flag represent?**
   a. the people in the country
   b. its central communist government
   c. the number of states in its territory
   d. the unity of all the people who built the country

4. **Which statement about flags is not true?**
   a. Papua New Guinea has the Southern Cross on its flag.
   b. A star and crescent moon on the Turkey flags represent Islam.
   c. The fifty stars on the American flag mean the number of states in it.
   d. The five stars on the Honduran flag represent the five important religions.

LEVEL UP! 5. **Inference** **What can be inferred from the passage?**
   a. Some countries avoid using stars on their flags.
   b. Stars are used more than any other shape on flags.
   c. A country's flag shows its identity through specific symbols.
   d. Communist countries especially like to use stars on their flags.

LEVEL UP! **B** **Writing** **Write the correct words to complete the sentence.**

6. The stars on the flags tell about _____the_____ _____, _____,
   _____ _____ of the people of each country.

116

A Choose the correct words to fill in the blanks.

> federal   beliefs   constellation   hemisphere   territory   former

1. Many countries in the Southern _____ have the Southern Cross on their flags.

2. Some stars on flags represent the religious _____ of the people of the country.

3. The twenty-seven stars on the Brazilian flag represent its twenty-six states and the _____ district.

4. Some stars symbolize each nation's _____.

5. The five stars on the Honduran flag represent the five nations of the _____ Federal Republic of Central America.

6. There is a _____ known as the Southern Cross on the Australian flag.

B Choose the correct words to complete the sentences.

> **ex.**
> **The Vietnamese flag also has <u>a star</u> *that* <u>is</u> yellow.**
> *Subject-verb agreement in a relative clause*

1. The American flag has fifty stars that (*represents* / *represent*) the number of states in it today.

2. The Brazilian flag also has twenty-seven stars, which (*represents* / *represent*) its twenty-six states and the federal district.

3. The Vietnamese flag also has a star that (*is* / *are*) yellow.

4. It represents the unity of all the people who (*builds* / *build* / *built*) the country.

5. The star is also a symbol that (*shows* / *show*) the important role religion plays in many cultures.

A Categorizing **Fill in the blanks to complete the organizer.**

What Stars Represent on Flags				
	Specific Constellations	Nation's 2._____	Ideas	Religion
Nation	Australia, New Zealand	1) America, Brazil 2) Honduras	1) China 2) Vietnam	Malaysia, Turkey
Specific Meaning	a 1._____ known as the Southern Cross	1) the number of 3._____ 2) the number of nations	1) one large star → its central 4._____ government 2) one yellow star → the 5._____	a star and a crescent moon → 6._____

communist　　constellation　　unity　　territory　　Islam　　states

B Fill in the blanks to complete the summary.

represent　　ideas　　Vietnamese　　government　　moon　　stars

Some ❶_____ on flags represent specific constellations, territories,

❷_____, and religions. Australia, New Zealand, and Papua New

Guinea have stars on their flags featuring the Southern Cross. The

American, Brazilian, and Honduran flags have stars to ❸_____

their states or nations. The stars on the Chinese flag show the central

communist ❹_____ and its people. A yellow star on the ❺_____

flag represents the people who built the country. A star and a crescent

❻_____ on the flags of Malaysia and Turkey represent Islam.

· Review Test ·

▶ Answer Key p.73

A. Check the correct words to complete the sentences.

1. Pompeii, a bustling _____ city, was totally destroyed all at once.
   a. decorated   b. prosperous   c. wooden   d. catastrophic

2. The layers of ash _____ up the people's homes with their furniture and belongings.
   a. sealed   b. dug   c. stayed   d. baked

3. Italian _____ began to take charge of the excavations to preserve the ruins.
   a. cinders   b. archaeologists   c. inhabitants   d. outcome

4. Asphalt that covered the streets _____ and piled up.
   a. led   b. lasted   c. recorded   d. buckled

5. The fire chief of the city was the first _____ of falling debris.
   a. main   b. devastation   c. analysis   d. victim

6. The earthquake's importance comes from the wealth of scientific knowledge _____ from it.
   a. derived   b. helped   c. occurred   d. shaken

7. Some countries signed a _____ not to hunt sea otters anymore.
   a. district   b. gunpowder   c. treaty   d. threat

8. It takes a lot of work and _____ from people to protect endangered animals.
   a. traps   b. cooperation   c. houses   d. nests

9. The stars on the Brazilian flag represent its states and the federal _____.
   a. district   b. religion   c. belief   d. constellation

10. The star on the Vietnamese flag represents the _____ of the people who built the country.
    a. fur   b. debris   c. unity   d. belongings

B. Correct the underlined parts.

1. Pompeii <u>which</u> buried under the ground came alive.

   ➡ _____

2. The walls and floors <u>which</u> decorated with paintings and mosaics also came alive.
   ➡ _____

3. The earthquake <u>who</u> rocked the entire city was finally over.

   ➡ _____

4. Asphalt <u>whose</u> covered the streets buckled and piled up.

   ➡ _____

5. It was the first large natural disaster <u>who</u> damage was recorded by photography.
   ➡ _____

6. The California condor is a large bird <u>whose</u> looks like an eagle.

   ➡ _____

7. The condors ate animals <u>who</u> some hunters killed. ➡ _____

8. The gunpowder that was left in the animals <u>make</u> the condors sick.

   ➡ _____

9. The American flag has fifty stars that <u>represents</u> the number of states in it today.
   ➡ _____

10. The Vietnamese flag also has a star that <u>are</u> yellow. ➡ _____

Language Arts & Math

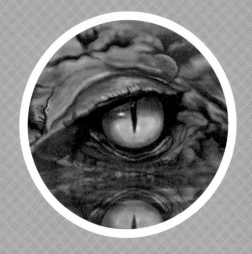

The Hunter
and the
Crocodiles

✔ *Check Your Background Knowledge*

Circle the correct words.

1. There once was a hare that was always (*crossing* / *boasting*) that he could run fast.
2. The tortoise moved at a slow, steady (*scale* / *pace*).
3. The hare was still (*asleep* / *known*) when the tortoise passed by.

The Hunter and the Crocodiles

❶There were crocodiles that had not eaten anything all day long. Feeling faint, they just sat under a tree. Suddenly, they saw a hunter coming. They begged him to carry them to the river.

"You crocodiles are very well-known for biting people in the river. (A) I will not take the chance," said the hunter.

The crocodiles wept and swore that they would not harm the hunter. Then, the hunter agreed to carry them to the river. He tied them together with his rope and hoisted them onto his head. Then, he headed to the river. At the riverside, the hunter let the crocodiles go in the river.

However, one of them took the hunter's hand between its jaws and smiled.

"Wouldn't I be foolish to let you go? (B)" the crocodile said.

The hunter reminded them of his promise and then argued about right and wrong. The hunter asked the rabbit around them if the crocodiles should eat him or not.

"I don't care if the crocodiles eat you," the clever rabbit said, "but how did you move such big, heavy crocodiles? (C)"

Vocabulary

- **faint:** suddenly becoming unconscious for a short time
- **weep:** to cry
- **swear:** to promise very strongly and sincerely to do or not do something
- **hoist:** to raise something
- **riverside:** the land along the sides of a river
- **remind:** to cause (someone) to remember something
- **promise:** a statement that you will definitely do or not do something
- **pass by:** to move past

❷So the hunter and the crocodiles agreed to show the rabbit how they had come to the river. They returned to the place where they had met by taking the same path they had used to go to the river.

When they arrived at that place, the rabbit said, "Now, you can go back home. (D)"

And the crocodiles had to wait for another hunter to pass by.

(Word Count ▶ 248)

Grammar Quiz

Past perfect

- Find the verbs referring to an action that was completed by a particular time in the past in sentences ❶ and ❷.

❶ _____ ❷ _____

A **Choose the best answer.**

1. **What is the passage mainly about?**
   a. how crocodiles hunt for food
   b. why a clever rabbit helped a hunter
   c. why you should not trust others easily
   d. how a hunter escaped from some dishonest crocodiles

2. **What did the crocodiles ask the hunter to do?**
   a. to carry them to the river
   b. to catch a rabbit for them
   c. to go in the river with them
   d. to tie them together with his rope

3. **What did the crocodiles promise the hunter?**
   a. They would not weep.
   b. They would not harm him.
   c. They would not argue about right and wrong.
   d. They would not wait for another hunter to pass by.

4. **How did the rabbit save the hunter?**
   a. by pointing the way to a safe place
   b. by introducing crocodiles to a new hunter
   c. by showing the hunter how to carry the heavy crocodiles
   d. by getting the hunter and the crocodiles to return to the place where they met

LEVEL UP! 5. **Insertion** **Where could the following sentence be added?**

   I don't believe it's possible.

   a. (A)   b. (B)   c. (C)   d. (D)

LEVEL UP! **B** **Writing** **Write the correct words.**

6. The hunter, tricked by the crocodiles, ended up safe ___*thanks*___
   _____ _____ _____ _____.

Vocabulary & Grammar

A Choose the correct words to fill in the blanks.

> faint   wept   riverside   hoisted   promise   pass by

1. At the _____, the hunter untied the crocodiles.

2. Because the crocodiles were very hungry, they felt _____.

3. The hunter tied the crocodiles together with his rope and _____ them onto his head.

4. The crocodiles _____ and promised not to harm the hunter.

5. The crocodiles broke their _____ and tried to hurt the hunter.

6. The crocodiles had to wait for another hunter to _____.

B Choose the correct words to complete the sentences.

> **ex.**   **There were crocodiles that <u>had not eaten</u> anything all day long.**
> *Past perfect*

1. The hunter and the crocodiles agreed to show the rabbit how they (*came / had come*) to the river.

2. They returned to the place where they (*met / had met*).

3. They took the same path they (*used / had used*) to go to the river.

4. The hunter reminded the crocodiles of the promise that they (*have made / had made*).

5. There were crocodiles that (*had not eaten / had eaten not*) anything all day long.

Organization & Summary

A Plot Fill in the blanks to complete the organizer.

The Hunter and the Crocodiles	
Beginning	There were 1._____ crocodiles under a tree.
Problem	They 2._____ the hunter to carry them to the river. The hunter thought it was 3._____ to help them at first, but he 4._____ to do it. At the riverside, the crocodiles wouldn't let the hunter go.
Solution	A 5._____ rabbit wondered how the hunter had carried such big, heavy crocodiles. They 6._____ the rabbit how they had come to the river. When they went back to the tree, the rabbit told the hunter to go back home.
Ending	The crocodiles had to wait for another hunter to pass by.

showed   hungry   agreed   begged   clever   dangerous

B Fill in the blanks to complete the summary.

wait   go back   heavy   tied   let   carry

There were hungry crocodiles under a tree. They begged the hunter to ❶_____ them to the river. He ❷_____ them together with his rope and hoisted them onto his head. At the riverside, the crocodiles wouldn't ❸_____ the hunter go. A clever rabbit wondered how the hunter had carried such big, ❹_____ crocodiles. So they showed the rabbit how they had come to the river. When they went back to the tree, the rabbit told the hunter to ❺_____ home. The crocodiles had to ❻_____ for another hunter to pass by.

How Springtime Comes

✔ *Check Your Background Knowledge*

Circle the correct words.

1. A long time (*ago* / *around*), the god of the sky, Di Jun, lived with his wife and ten suns.
2. The suns never went outide together because their (*heat* / *weight*) would be too much to bear.
3. The ten suns all (*agreed* / *shocked*) to go out together and went out to the sky.

How Springtime Comes

Long ago, there were only two seasons: winter and summer. One winter day, Blue Corn Maiden went out to gather firewood to cook blue corn. She loved to make soup for people. Winter Man saw her and fell in love with her at once. Winter Man was the spirit who brought winter to the earth.

He invited Blue Corn Maiden to his castle. When she came to his castle, he blocked the windows and made her stay with him. She was sad because she wanted to go back to make soup.

❶Then, one day, Winter Man went out to do his duty of blowing cold wind upon the earth. Blue Corn Maiden went out of the house. ❷Seeing all the plants under ice and snow, she started a fire in Winter Man's castle.

(A) Soon, Summer Man came by and saw Blue Corn Maiden. (B) He could not help falling in love with her. He said it was summer now and invited her to go to his castle.

Then, Winter Man blew a blast of cold air while insisting that it was

Vocabulary

- **firewood:** wood that is burned as fuel
- **spirit:** a supernatural being
- **duty:** something that is done as part of a job
- **insist:** to say firmly and often that something is true
- **breeze:** a gentle wind
- **tremble:** to shake involuntarily because of cold or fear
- **thaw:** to cause (something) to stop being frozen
- **argue:** to disagree with someone in words, often in an angry way

still winter. Summer Man blew a warm breeze while answering that it was not. (C) Everyone trembled with fear because the plants were repeatedly being frozen and then thawed as the two men argued. (D)

Finally, they agreed that Blue Corn Maiden would live with Summer Man for half of the year in summer, and the other half of the year she would live with Winter Man. Each year, on her way to Summer Man, she became springtime.

(Word Count ▶ 256)

Grammar Quiz

Gerund vs. Present participle

• Circle whether the underlined part is a gerund or a present participle in sentences ❶ and ❷.

❶ Gerund / Present participle
❷ Gerund / Present participle

Comprehension Checkup

A Choose the best answer.

1. **What is the passage mainly about?**
   a. why there were only two seasons
   b. what Blue Corn Maiden loved to do
   c. how people were able to have springtime
   d. why Winter Man argued with Summer Man

2. **Why did Blue Corn Maiden go out to gather firewood?**
   a. to call Summer Man
   b. to run away from Winter Man
   c. to become springtime by herself
   d. to make blue corn soup for people

3. **How did Summer Man come by?**
   a. People were afraid of the long freezing winter.
   b. Winter Man's castle burned down and disappeared.
   c. Blue Corn Maiden invited him to Winter Man's castle.
   d. Blue Corn Maiden started a fire in Winter Man's castle.

4. **What happened when Winter Man and Summer Man argued?**
   a. Blue Corn Maiden trembled with fear.
   b. Blue Corn Maiden started making soup again.
   c. People were blown away by a blast of cold air.
   d. The plants were repeatedly being frozen and then thawed.

LEVEL UP! 5. **Insertion** Where could the following sentence be added?

> The fire at Winter Man's castle was a sign of summer.

   a. (A)   b. (B)   c. (C)   d. (D)

LEVEL UP! **B** **Writing** Write the correct words to complete the sentences.

6. Blue Corn Maiden would live with Summer Man for _____*half*_____
   _____ _____ _____, and with Winter Man for the other
   half of the year. On her way to Summer Man, she _____ _____.

A Choose the correct words to fill in the blanks.

> firewood   spirit   insisting   breeze   trembled   argued

1. Winter Man kept blowing cold wind while _____ that it was still winter.

2. Plants were repeatedly being frozen and then thawed as Winter Man and Summer Man _____.

3. Summer Man blew a warm _____ while telling that it was summer.

4. Blue Corn Maiden needed _____ to cook blue corn.

5. People _____ with fear because two strong men were fighting.

6. Summer Man was the _____ who brought summer to the earth.

B Write "G" if the underlined part is a gerund, or write "P" if it is a present participle.

> **ex.** **Seeing all the plants under ice and snow, she started a fire in Winter Man's castle.**
> *Past participle*

1. Winter Man went out to do his duty of <u>blowing</u> cold wind upon the earth.

   _____

2. He could not help <u>falling</u> in love with her.   _____

3. Winter Man blew a blast of cold air while <u>insisting</u> that it was still winter.

   _____

4. Summer Man blew a warm breeze while <u>answering</u> that it was not.   _____

5. Everyone trembled with fear because the plants were repeatedly <u>being</u> frozen and then thawed as the two men argued.   _____

A **Cause & Effect** **Fill in the blanks to complete the organizer.**

Cause		Effect
Winter Man made Blue Corn Maiden 1._____ with him in his castle.	→	She was sad because she wanted to go back to make 2._____.
Blue Corn Maiden saw all the plants under ice and snow.		She started a 3._____ in Winter Man's castle.
The fire at Winter Man's castle was a 4._____ of summer.		Summer Man came.
Winter Man and Summer Man were fighting over Blue Corn Maiden.		The plants were repeatedly being 5._____ and then 6._____.

> frozen   fire   stay   thawed   soup   sign

B **Fill in the blanks to complete the summary.**

> half   castle   springtime   argue   repeatedly   agreed

Winter Man invited Blue Corn Maiden to his ❶_____ and made her stay with him. Blue Corn Maiden saw all the plants under ice and snow. She started a fire. Because the fire at Winter Man's castle was a sign of summer, Summer Man came. Winter Man and Summer Man started to ❷_____. The plants were ❸_____ being frozen and then thawed. Finally, they ❹_____ that Blue Corn Maiden would live with Summer Man for ❺_____ of the year in summer, and the other half of the year with Winter Man. Each year, on her way to Summer Man, she became ❻_____.

Why We Need Fractions

✔ *Check Your Background Knowledge*

Circle the correct words.

1. A fraction is a (*whole* / *part*) of something.
2. If something is (*divided* / *derived*) into 2 equal parts, each part is 1/2.
3. Not all parts are equal. Equal parts are the same (*size* / *weight*).

Why We Need Fractions 🎧

Are you struggling with the fractions in your math homework? Are fractions really that important in your life? Sorry to disappoint you, but fractions are a very important part of math.

In fact, we use fractions every day, whether you are aware of it or not. ❶If you slept for six hours, you spent a quarter of the day sleeping. ❷If you cut a birthday cake into twelve pieces, each piece is a fraction of the whole cake. If you play a musical instrument, you know that music uses fractions to show note lengths such as half notes, quarter notes, and eighth notes.

| half note | quarter note | eighth note | sixteenth note |

The word *fraction* actually comes from the Latin *fractio*, which means 'to break.' From as early as 1800 B.C., the Egyptians started to write fractions based on the idea of 10, which is similar to the decimal

Vocabulary

- **fraction:** a number which indicates that one number is divided by another
- **note:** a symbol representing a single musical sound
- **based on:** used something as a foundation
- **throughout:** during the whole time or situation
- **concise:** short with no unnecessary words

system. Throughout ancient cultures, people have written fractions to express the parts of a whole. It was the Arabs who added the line which we now use to separate the two numbers in fractions.

Nowadays, fractions are essential for giving clear, concise instructions. Suppose you are a surgeon. You need fractions to be able to make precise calculations for operations. If you are a cook, you also need fractions to measure your ingredients to create the best flavors.

▲ measuring spoons

Keep in mind that the better you understand fractions, the more comfortable you will feel using them.

(Word Count ▶ 235)

- **surgeon:** a doctor who does operations in a hospital
- **measure:** to find out size, length, or amount of (something)
- **ingredient:** something that you use to make a particular food

Grammar Quiz

if clause

- **Find the if clauses in sentences ❶ and ❷.**

  ❶ _____

  ❷ _____

Comprehension Checkup

A Choose the best answer.

1. What is the passage mainly about?
   a. why surgeons need fractions
   b. what the word *fraction* means
   c. why some students study fractions
   d. the history and usefulness of fractions

2. Which of the following is not an example of fractions being used in everyday life?
   a. I cut a sandwich in half.
   b. I played notes on the piano.
   c. I usually spend a third of the day sleeping.
   d. I tried to read the newspaper as soon as possible.

3. Which statement is not true?
   a. The word *fraction* means 'to break.'
   b. The decimal system is similar to the system of fractions.
   c. The Arabs added the line which separates the two numbers.
   d. The Egyptians started to write fractions based on the idea of 10.

4. What can you do by using fractions?
   a. I can struggle with calculations.
   b. I can measure ingredients precisely.
   c. I can understand the decimal system.
   d. I can be aware of how to add large numbers.

LEVEL UP! 5. **Purpose** Why does the author mention a surgeon and a cook?
   a. to suggest using fractions more often
   b. to show how fractions can have different meanings
   c. to criticize experts who do not give clear instructions
   d. to give examples of how fractions are essential to clear instructions

LEVEL UP! **B** **Writing** Write the correct words to complete the sentence.

6. The better you __understand__ _____, _____ the _____ _____ you will feel using them.

138

Vocabulary & Grammar

A Choose the correct words to fill in the blanks.

> fractions   based on   throughout   concise   surgeons   ingredients

1. When you need to give clear, _____ instructions, you need fractions.

2. _____ use fractions to make precise calculations for operations.

3. Fractions were used _____ ancient cultures.

4. Whether you know it or not, _____ are used every day.

5. The Egyptians wrote fractions _____ the idea of 10.

6. Cooks need fractions to measure their _____ to create the best flavors.

B Choose the correct words to complete the sentences.

> **ex.**
> ***If* you cut a birthday cake into twelve pieces, each piece is a fraction of the whole cake.**
> *if clause*

1. If you slept for six hours, you (*spend* / *spent*) a quarter of the day sleeping.

2. If you cut a birthday cake into twelve pieces, each piece (*is* / *was*) a fraction of the whole cake.

3. If you play a musical instrument, you (*know* / *knew*) that music has fractions.

4. If you are a surgeon, you (*need* / *needed*) fractions to be able to make precise calculations for operations.

5. If you are a cook, you also (*need* / *will need*) fractions to measure your ingredients to create the best flavors.

Organization & Summary

A **Main Idea & Details** Fill in the blanks to complete the organizer.

Main Idea: Why We Need Fractions

Detail 1: Uses of Fractions in Daily Life	Detail 2: The History of Fractions	Detail 3: Concise Measurements with Fractions
• How much do you 1._____? • How many 2._____ do you cut the cake into?	• From 1800 B.C., the 3._____ started to write fractions based on the idea of 10. • The Arabs 4._____ the line which separates the two numbers.	• A surgeon needs fractions to make precise calculations for 5._____. • A cook needs fractions to measure ingredients to create the best 6._____.

operations   added   Egyptians   sleep   pieces   flavors

B Fill in the blanks to complete the summary.

idea   essential   math   instrument   quarter   separate

Fractions are a very important part of ❶_____. If you slept for six hours, you spent a quarter of the day sleeping. If you play a musical ❷_____, you know that music uses fractions to show note length such as half notes, ❸_____ notes, and eighth notes. From 1800 B.C., the Egyptians started to write fractions based on the ❹_____ of 10. The Arabs added the line which we now use to ❺_____ the two numbers in fractions. Fractions are ❻_____ for giving clear, concise instructions.

Even and Odd: Strange Cousins

✔ *Check Your Background Knowledge*

Circle the correct words.

1. The (*sixth* / *seventh*) dog is dog number 7.
2. Ordinal numbers name the number of something in (*order* / *line*).
3. (*Except for* / *Due to*) first, second, and third, ordinal numbers end in 'th.'

Even and Odd: Strange Cousins 🎧

Even lived in a two-story house. He had two furry cats, four fluffy dogs, and six staring goldfish. Even loved everything to be even. Most of all, Even loved his garden with eight rows of flowers.

"There's nothing odd about him," his neighbors would say to each other.

One day, Even received an application to the Perfect Garden Contest. Even dreamed about winning the big prize. But his dream was interrupted by his cousin Odd.

"Anyone home?" shouted Odd as he knocked three times, five times, seven times….

When Even opened the door, Odd stood with his tricycle.

"I'm here to show you my new tricycle," said Odd. (A)

And without Even realizing it, Odd started to ride on his tricycle with three wheels. (B) ❶Even's face turned red as he saw that his garden had turned into a mess.

"Look at what you have done!" cried Even.

Odd felt sorry. ❷Then, he left Even's house and headed somewhere. (C)

Vocabulary

- **furry:** covered with fur
- **stare:** to look fixedly or vacantly at someone or something
- **application:** a form used when making a request
- **interrupt:** to stop someone by saying or doing something
- **tricycle:** a three-wheeled vehicle that a person rides by pushing on foot pedals
- **judge:** a person who decides the winner in a contest or competition

The next morning, Even's face turned red again because his cousin Odd was planting cacti with three long, sharp needles. (D)

"Odd, you are too odd!" Even cried out with anger.

Just then, the contest judge came over to the garden.

"Hmm, odd cacti! It's an odd idea!" said the judge. "But I like it! We have a winner."

Then, he handed Even two tickets to Twin Lakes and left Even's garden.

"Who shall I take on this trip for two?" Even shrugged.

"Don't worry!" Odd said as he packed his bags.

How many bags did they pack? Two or three?

(Word Count ▶ 257)

• **shrug:** to raise your shoulders to show that you are not interested or do not know about something
• **pack:** to put things into cases and bags

Grammar Quiz

Verb tense

• **Find the all the verbs in sentences ❶ and ❷.**

❶ _____

❷ _____

Comprehension Checkup

A Choose the best answer.

1. What is the passage mainly about?
   a. why Odd visited Even
   b. how Even took care of his garden
   c. how Odd helped Even to win the contest
   d. how Even and Odd were different from each other

2. What would Even's neighbors say about him?
   a. It's an odd idea.
   b. Look at what you have done.
   c. We have a winner.
   d. There is nothing odd about him.

3. Why was Even's dream interrupted?
   a. because he woke up
   b. because he was angry
   c. because he did not have flowers
   d. because Odd made a mess of his garden

4. What did the contest judge think about Even's garden?
   a. He liked it because it looked even.
   b. He liked it even though it was odd.
   c. He did not like it because it was odd.
   d. He was angry because it was not even.

LEVEL UP! 5. **Insertion** Where could the following sentence be added?

   He rolled straight into Even's garden!

   a. (A)   b. (B)   c. (C)   d. (D)

LEVEL UP! **B** **Writing** Write the correct words to complete the sentences.

6. Even lived in a two-story house. He had two furry cats, four fluffy dogs, and six staring goldfish. Even ___*loved*___ _____ _____

   _____ _____ .

144

Vocabulary & Grammar

A Choose the correct words to fill in the blanks.

> furry   tricycle   interrupted   application   shrugged   pack

1. "With whom should I take this trip?" Even _____.

2. Even received an _____ to the Perfect Garden Contest.

3. How many bags did they _____? Two or three?

4. His dream was _____ by his cousin Odd.

5. "I'm here to show you my new _____," said Odd.

6. Even raised two _____ cats in his two-story house.

B Choose the correct words to complete the sentences.

> **ex.** Even's face <u>turned</u> red as he saw that his garden <u>had turned</u> into a mess.
> *Verb tense*

1. "I (*am* / *was*) here to show you my new tricycle," said Odd.

2. "Look at what you have done!" (*cried* / *has cried*) Even.

3. Even's face turned red as he saw that his garden (*turned* / *had turned*) into a mess.

4. He left Even's house and (*heads* / *headed*) somewhere.

5. The next morning, Even's face turned red again because his cousin Odd (*was planting* / *has been planted*) cacti with three long, sharp needles.

Organization & Summary

A **Sequence** Order the sentences.

1	Even lived in a two-story house. There's nothing odd about him.
	Odd, Even's cousin, visited him riding his tricycle.
	The contest judge handed Even two tickets to Twin Lakes.
	When Even saw that Odd was planting cacti with three long, sharp needles in his garden, he cried out with anger.
4	Odd rolled into Even's garden. Even's face turned red as he saw that his garden had turned into a mess.
	The contest judge came over to the garden, and he said, "Odd cacti! But I like it! We have a winner!"
	Even received an application to the Perfect Garden Contest. He dreamed aboout winning the prize.

B Fill in the blanks to complete the summary.

> handed   judge   even   cousin   dreamed   mess

Even loved everything to be ❶_____. One day, Even received an application to the Perfect Garden Contest. Even ❷_____ about winning the big prize. Soon, his ❸_____ Odd came. He started to ride on his tricycle, and he rolled straight into Even's garden. His garden turned into a ❹_____. The next morning, Even's garden looked weird because his cousin Odd planted cacti with three long, sharp needles. Just then, the contest ❺_____ came over to the garden. He thought that odd cacti were an odd idea. But he liked it. The judge ❻_____ Even two tickets to Twin Lakes.

· Review Test ·

▶ Answer Key p.74

A. Check the correct words to complete the sentences.

1. The crocodiles _____ and swore that they would not harm the hunter.
   a. passed   b. wept   c. agreed   d. went

2. The hunter _____ the crocodiles of their promise and then argued about right and wrong.
   a. reminded   b. felt   c. tied   d. carried

3. Winter Man was the _____ who brought winter to the earth.
   a. season   b. sign   c. blast   d. spirit

4. Winter Man went out to do his _____ of blowing cold wind upon the earth.
   a. castle   b. jaw   c. duty   d. firewood

5. Summer Man could not _____ falling in love with her.
   a. insist   b. help   c. argue   d. live

6. The Egyptians started to write fractions _____ the idea of 10.
   a. headed   b. trembled   c. hoisted   d. based on

7. Fractions are essential for giving clear, _____ instructions.
   a. concise   b. quarter   c. furry   d. odd

8. _____ ancient cultures, people have written fractions to express the parts of a whole.
   a. Against   b. After   c. Toward   d. Throughout

9. Even's dream was _____ by his cousin Odd.
   a. rolled   b. interrupted   c. handed   d. left

10. "Who shall I take on this trip for two?" Even _____.
    a. shrugged   b. planted   c. received   d. thawed

B. Correct the underlined parts.

1. There were crocodiles that had not <u>eat</u> anything all day long.

   ➡ _____

2. The hunter and the crocodiles agreed to show the rabbit how they <u>came</u> to the river.

   ➡ _____

3. They returned to the place where they had <u>meet</u>. ➡ _____

4. <u>Seen</u> all the plants under ice and snow, she started a fire in Winter Man's castle.

   ➡ _____

5. Winter Man blew a blast of cold air while <u>insisted</u> that it was still winter.

   ➡ _____

6. If you slept for six hours, you <u>spend</u> a quarter of the day sleeping.

   ➡ _____

7. If you are a cook, you <u>needed</u> fractions to measure your ingredients to create the best flavors.

   ➡ _____

8. Even's face turned red as he saw that his garden <u>turned</u> into a mess.

   ➡ _____

9. "Look at what you <u>did</u>!" cried Even. ➡ _____

10. Even's face <u>turns</u> red again because Odd was planting cacti with three long needles.

   ➡ _____

- [ ] [ ] laboratory   명 연구실
- [ ] [ ] instrument   명 기구
- [ ] [ ] employer   명 고용주
- [ ] [ ] invention   명 발명품, 발명
- [ ] [ ] telegraph   명 전신
- [ ] [ ] distance   명 거리
- [ ] [ ] stand for   ~을 나타내다
- [ ] [ ] experiment   명 실험
- [ ] [ ] pluck   동 (악기의 현을) 퉁기다
- [ ] [ ] vibrate   동 진동하다
- [ ] [ ] electricity   명 전기
- [ ] [ ] take part in   참여하다
- [ ] [ ] conduct   동 (특정 활동을) 하다
- [ ] [ ] admire   동 존경하다
- [ ] [ ] funeral   명 장례식

접는선

- [ ] [ ] exhibition   명 박람회, 전시회
- [ ] [ ] massive   형 거대한
- [ ] [ ] skyscraper   명 고층 건물
- [ ] [ ] intermediate   형 중간의
- [ ] [ ] critic   명 비평가
- [ ] [ ] elegant   형 우아한
- [ ] [ ] monstrous   형 괴물 같은
- [ ] [ ] competition   명 대회
- [ ] [ ] tear down   해체하다
- [ ] [ ] immense   형 엄청난
- [ ] [ ] composition   명 구성
- [ ] [ ] official   명 공무원
- [ ] [ ] opt   동 택하다
- [ ] [ ] numerous   형 많은
- [ ] [ ] eyesore   명 흉물스러운 것

UNIT 12 Henry Ford: An Icon of the Modern Automobile

- ☐☐☐ automobile 영 자동차
- ☐☐☐ surprising 형 놀라운
- ☐☐☐ pioneer 영 개척자, 선구자
- ☐☐☐ be interested in ~에 흥미가 있다
- ☐☐☐ machinery 영 기계(류)
- ☐☐☐ vision 영 시견
- ☐☐☐ replace 동 대체하다
- ☐☐☐ transportation 영 교통수단
- ☐☐☐ reliable 형 믿을 수 있는
- ☐☐☐ appeal 동 관심을 끌다
- ☐☐☐ affect 동 영향을 미치다
- ☐☐☐ manufacture 동 제조하다
- ☐☐☐ assembly line 조립 공정
- ☐☐☐ middle-class 형 중산층의
- ☐☐☐ industrialist 영 기업가

UNIT 09 The Grand Canyon

- ☐☐☐ scale 영 규모
- ☐☐☐ landscape 영 풍경
- ☐☐☐ breathtaking 형 숨이 멎을 듯한
- ☐☐☐ approximately 부 거의
- ☐☐☐ layer 영 층
- ☐☐☐ exist 동 존재하다
- ☐☐☐ span 동 (넓은 범위에) 포괄하다
- ☐☐☐ elevation 영 고도
- ☐☐☐ habitat 영 서식지
- ☐☐☐ roam 동 배회하다
- ☐☐☐ mammal 영 포유류
- ☐☐☐ unique 형 독특한
- ☐☐☐ remote 형 외딴
- ☐☐☐ designate 동 지정하다
- ☐☐☐ preserve 동 보존하다

☐☐	bustling	형	북적거리는
☐☐	prosperous	형	번영한
☐☐	cinder	명	재
☐☐	cone	명	원뿔
☐☐	eruption	명	폭발
☐☐	inhabitant	명	주민
☐☐	seal	동	봉인하다
☐☐	belongings	명	소유물, 재산
☐☐	dig	동	파다
☐☐	marble	명	대리석
☐☐	excavation	명	발굴
☐☐	frantically	부	정신없이
☐☐	archaeologist	명	고고학자
☐☐	take charge of		~의 책임을 지다
☐☐	ruins	명	폐허, 유적

접는선

☐☐	touch	동	만지다
☐☐	element	명	원소
☐☐	atom	명	원자
☐☐	microscope	명	현미경
☐☐	strength	명	강도, 힘
☐☐	arrange	동	배열하다
☐☐	property	명	특성
☐☐	knowledge	명	지식
☐☐	physical	형	물리적인
☐☐	appearance	명	외모, 외형
☐☐	chemical	형	화학적인
☐☐	fireplace	명	벽난로
☐☐	ash	명	재
☐☐	carbon dioxide gas		이산화탄소 가스
☐☐	turn into		~이 되다, ~으로 변하다

☐☐☐	foreshock	명 초기 미동
☐☐☐	devastation	명 대대적인 파괴
☐☐☐	twist	동 휘다, 구부리다
☐☐☐	buckle	동 비틀다
☐☐☐	be over	끝나다
☐☐☐	victim	명 희생자
☐☐☐	debris	명 잔해
☐☐☐	natural disaster	명 자연재해
☐☐☐	photography	명 사진
☐☐☐	derive	동 파생하다, 유래하다
☐☐☐	catastrophic	형 처참한
☐☐☐	kick-start	동 촉진시키다
☐☐☐	analysis	명 분석
☐☐☐	elastic-rebound theory	탄성 반발설
☐☐☐	principal	형 주요한, 주된

☐☐☐	documented	형 문서로 기록된
☐☐☐	theory	명 이론
☐☐☐	have to do with	~과(와) 관련이 있다
☐☐☐	motion	명 움직임
☐☐☐	crust	명 지각
☐☐☐	fault	명 단층
☐☐☐	put in motion	움직이다
☐☐☐	vibration	명 진동
☐☐☐	barely	부 거의 ~아니게
☐☐☐	boundary	명 경계
☐☐☐	tremendous	형 엄청난
☐☐☐	impact	명 충격
☐☐☐	withstand	동 견뎌 내다
☐☐☐	destruction	명 파괴
☐☐☐	loss	명 손실, 상실

☐☐☐	extinct	형 멸종된
☐☐☐	endangered	형 멸종 위기의
☐☐☐	gunpowder	명 화약
☐☐☐	threat	명 위협
☐☐☐	sea otter	명 해달
☐☐☐	fur	명 털
☐☐☐	treaty	명 조약
☐☐☐	organization	명 단체, 조직
☐☐☐	illegal	형 불법의
☐☐☐	take action	동 조치를 취하다
☐☐☐	trap	동 덫으로 잡다
☐☐☐	protect	동 보호하다
☐☐☐	send back	동 되돌려 보내다
☐☐☐	wild	명 (야생 상태의) 자연
☐☐☐	cooperation	명 협력

접는선

☐☐☐	dense	형 밀도가 높은
☐☐☐	material	명 물질
☐☐☐	fuel	명 연료
☐☐☐	alive	형 살아있는
☐☐☐	gravity	명 중력
☐☐☐	inward	형 내부로
☐☐☐	collapse	동 붕괴하다
☐☐☐	push in	밀어 넣다
☐☐☐	push out	밀어내다
☐☐☐	galaxy	명 은하계
☐☐☐	locate	동 위치를 찾아내다
☐☐☐	astronomer	명 천문학자
☐☐☐	observe	동 관측하다
☐☐☐	pull	동 당기다
☐☐☐	give off	(빛·열·에너지를) 발산하다

☐☐☐	belief	명 믿음
☐☐☐	represent	동 나타내다
☐☐☐	specific	형 특정한
☐☐☐	constellation	명 별자리
☐☐☐	hemisphere	명 반구
☐☐☐	the Southern Cross	명 남십자성
☐☐☐	symbolize	동 상징하다
☐☐☐	territory	명 영토
☐☐☐	federal	형 연방제의
☐☐☐	district	명 구역
☐☐☐	former	형 이전의
☐☐☐	communist	명형 공산주의인
☐☐☐	unity	명 통합
☐☐☐	crescent moon	명 초승달
☐☐☐	neighboring	형 이웃의

☐☐☐	except	전 제외하고는
☐☐☐	estimate	동 추정하다
☐☐☐	trait	명 특성
☐☐☐	social	형 사회적인
☐☐☐	colony	명 (동·식물의) 군집
☐☐☐	compose	동 구성하다
☐☐☐	ruler	명 통치자
☐☐☐	mate	동 짝짓기를 하다
☐☐☐	life span	명 수명
☐☐☐	complete	동 끝내다, 완수하다
☐☐☐	defend	동 방어하다
☐☐☐	raid	동 침입하다
☐☐☐	capture	동 포획하다
☐☐☐	collect	동 모으다
☐☐☐	enlarge	동 확장하다

☐	faint	형 현기증이 나는
☐	beg	동 애원하다
☐	bite	동 물다
☐	weep	동 눈물을 흘리다
☐	swear	동 맹세하다
☐	hoist	동 들어올리다
☐	riverside	명 강가
☐	jaw	명 턱
☐	foolish	형 어리석은
☐	remind	동 상기시키다
☐	promise	명 약속
☐	clever	형 현명한
☐	possible	형 가능한
☐	agree	동 동의하다
☐	pass by	옆을 지나가다

☐	role	명 역할
☐	anchor	명 닻
☐	firmly	부 단단히
☐	blow away	붙어 날리다
☐	absorb	동 흡수하다
☐	nutrient	명 영양분
☐	branch out	가지가 나오다
☐	mineral	명 무기질
☐	straight	부 똑바로, 일직선으로
☐	tend	동 (~하는) 경향이 있다
☐	taproot	명 곧은 뿌리
☐	fibrous	형 섬유 머양이
☐	trunk	명 나무의 몸통
☐	web	명 망
☐	cacti	명 선인장류

UNIT 18 How Springtime Comes

- firewood   명 장작
- spirit   명 정령
- castle   명 성
- block   동 막다
- duty   명 임무
- come by   잠깐 들르다
- cannot help ~ing   ~하지 않을 수 없다
- blast   명 강한 바람
- insist   동 주장하다
- breeze   명 미풍
- tremble   동 떨다
- repeatedly   부 반복해서
- thaw   동 해동시키다
- argue   동 다투다
- springtime   명 봄철

UNIT 03 Life in the Polar Regions

- pole   명 (지구의) 극
- northernmost   형 최북단의
- point   명 지점
- southernmost   형 최남단의
- the Arctic   명 북극
- continent   명 대륙
- enclose   동 에워싸다
- the Antarctic   명 남극
- comprise   동 ~으로 구성되다
- elsewhere   부 다른 곳에서
- warm-blooded   형 온혈의
- adapt   동 적응하다
- provide   동 제공하다
- insulating   형 단열을 위한
- loss   명 손실

☐☐☐	struggle	图 힘겹게 하다
☐☐☐	fraction	명 분수, 부분
☐☐☐	note	명 음표
☐☐☐	based on	~에 기반을 둔
☐☐☐	decimal system	명 십진법
☐☐☐	throughout	전 ~내내
☐☐☐	separate	图 나누다
☐☐☐	concise	형 간결한
☐☐☐	surgeon	명 외과의사
☐☐☐	precise	형 정확한
☐☐☐	calculation	명 계산
☐☐☐	operation	명 수술
☐☐☐	measure	图 측정하다
☐☐☐	ingredient	명 재료
☐☐☐	flavor	명 맛, 풍미

접는선

☐☐	convenient	형 편리한
☐☐	issue	명 문제
☐☐	breathe	图 숨 쉬다
☐☐	trap	图 가두다
☐☐	global warming	지구 온난화
☐☐	excess	형 과도한
☐☐	fertilizer	명 비료
☐☐	agriculture	명 농업
☐☐	algae	명 조류
☐☐	decay	图 부패하다, 썩다
☐☐	oxygen	명 산소
☐☐	landfill	명 쓰레기 매립지
☐☐	seep	图 스며들다
☐☐	environment	명 환경
☐☐	reusable	형 재사용할 수 있는

UNIT 20 — Even and Odd: Strange Cousins

□□□	story	명 층
□□□	furry	형 털이 많은
□□□	stare	동 응시하다
□□□	row	명 열, 줄
□□□	neighbor	명 이웃
□□□	receive	동 받다
□□□	application	명 신청(지원)서
□□□	interrupt	동 중단시키다
□□□	knock	동 두드리다
□□□	tricycle	명 세발자전거
□□□	head	동 향하다
□□□	judge	명 심사위원
□□□	anger	명 화
□□□	shrug	동 으쓱하다
□□□	pack	동 (짐을) 싸다, 꾸리다

UNIT 01 — Tornadoes: Severe Thunderstorms

□□□	windstorm	명 폭풍
□□□	rotating	형 회전하는
□□□	column	명 기둥
□□□	spin	동 돌다, 회전하다
□□□	destructive	형 파괴적인
□□□	low-pressure	형 저기압의
□□□	unstable	형 불안정한
□□□	form	동 형성되다
□□□	massive	형 거대한
□□□	path	명 경로, 길
□□□	individually	부 개별적으로
□□□	period	명 기간
□□□	outbreak	명 발생
□□□	independent	형 독립적인
□□□	continuous	형 지속적인

Word List 활용법

의미를 아는 단어에는 V 표시를 하세요.

표시되지 않은 단어들을 중심으로 학습한 후, 다시 한 번 V 표시를 하며 단어들을 숙지했는지 점검해 보세요.

* 본책과 분리하여 사용하세요. (점선을 따라 자른 후 반으로 접으면 책 형태의 단어장이 됩니다.)

영어 리딩의 최종 목적지, 논픽션 리딩에 강해지는

미국교과서 리딩

READING

LEVEL 5 ③

논픽션 독해력
미국 교과과정의 핵심 지식 습득과 독해력 향상

문제 해결력
지문 내용을 완전히 소화하도록 하는 수준별 독해 유형 연습

통합사고력
배경지식과 새로운 정보를 연결하여 내 것으로 만드는 연습

자기주도력
스스로 계획하고 성취도를 점검하는 자기주도 학습 습관 형성

READING

미국교과서 리딩

5.3

Word List

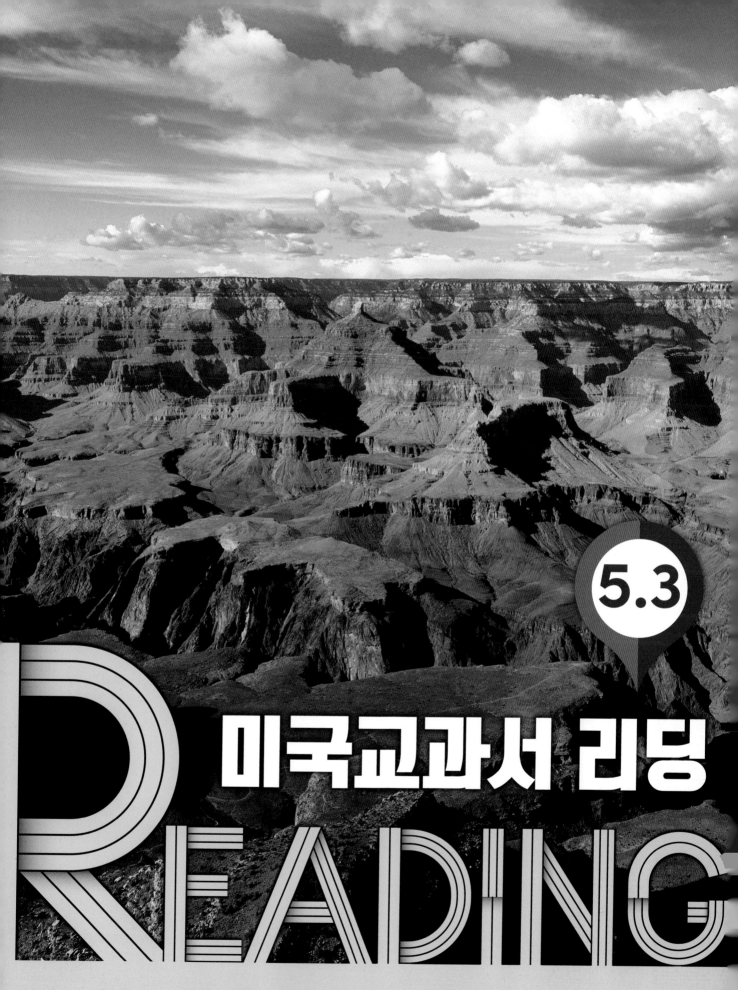

5.3

미국교과서 리딩
READING
Workbook & Answer Key

길벗스쿨

READING

미국교과서 리딩

LEVEL 5 ③

Workbook

Tornadoes: Severe Thunderstorms

Vocabulary

A Match the words with their correct definitions.

1. destructive •   • a. the sudden occurrence of something unwelcome

2. path •   • b. not firm or fixed, not constant

3. individually •   • c. one by one

4. massive •   • d. course

5. unstable •   • e. large and heavy

6. outbreak •   • f. causing great damage

Grammar   Adverbs

B Unscramble the sentences.

1. in which a rapidly rotating column of air / A tornado is a type of violent windstorm / spins very fast

   → _____.

2. They are not very wide, / a long time / and they do not last

   → _____.

3. very destructive / and even deadly / They are

   → _____.

4. within a large scale low-pressure system / typically develop / Tornadoes

   → _____.

5. individually / Tornadoes occur / within a short period of time

   → _____.

Different Types of Pollution

⊶ Vocabulary

Ⓐ Match the words with their correct definitions.

1. convenient •
2. fertilizer •
3. agriculture •
4. excess •
5. seep •
6. decay •

- a. to rot or cause to rot as a result of bacterial, fungal, or chemical action
- b. the science or practice of farming
- c. easy, useful, or suitable for a particular purpose
- d. to flow slowly through small holes or spaces
- e. more than is needed, desired, or required
- f. chemicals that help plants grow better

⊶ Grammar   The verb *make*

Ⓑ Unscramble the sentences.

1. We continually try to make / more convenient / our lives

   → _____.

2. it / hard for people to breathe / Air pollution can make

   → _____.

3. the earth / Trapped heat makes / warmer

   → _____.

4. disappear / makes oxygen / The decaying process of algae

   → _____.

5. Garbage in landfills makes / dirty and barren / the soil

   → _____.

Life in the Polar Regions

Vocabulary

A **Match the words with their correct definitions.**

1. mass •   • a. to surround

2. enclose •   • b. adding a material to (something) in order to stop heat or electricity from going into or out of it

3. comprise •   • c. in another place

4. elsewhere •   • d. either extremity of the Earth's axis of a sphere

5. pole •   • e. to include or consist of (something)

6. insulating •   • f. a usually large amount of a substance that has no particular shape

Grammar   Adjectives that indicate numbers

B **Unscramble the sentences.**

1. there is no land itself / At the North Pole, / but only frozen seawater

   → _____.

2. and birds / are warm-blooded mammals / Most of the animals on land

   → _____.

3. The polar bear and penguin / that live at the poles / are a few of the animals

   → _____.

4. or amphibians / There are / also no reptiles

   → _____.

5. There are / insect species / very few

   → _____.

What Roots Do

Vocabulary

A **Match the words with their correct definitions.**

1. trunk   •

2. mineral   •

3. straight   •

4. fibrous   •

5. absorb   •

6. anchor   •

   • a. the thick main stem of a tree

   • b. a piece of heavy metal to prevent a boat from moving

   • c. to soak up

   • d. a natural substance that is present in some foods and soil

   • e. in a level, even, or upright position

   • f. consisting of many fibers and looking like fibers

Grammar   Passive voice

B **Fill in the blanks using words in the brackets.**

1. Without roots, plants would _____ _____(blow) away by the wind or _____ _____(wash) away by the rain.

2. The tinniest roots, which _____ _____(call) root hairs, branch out through the soil.

3. The water and minerals _____ _____(send) through the tubes to every leaf of the plant.

4. Some roots grow straight down into the soil. They _____ _____ (call) taproots.

5. Palm trees have strong webs of fibrous roots that _____(help) them stand tall.

Ants Are Social Insects

Vocabulary

A Match the words with their correct definitions.

1. ruler •   • a. to bring animals together for breeding

2. defend •   • b. the length of time that a person or animal lives

3. mate •   • c. to go into a place and steal things

4. raid •   • d. to protect from harm or danger

5. life span •   • e. to increase in size or scale

6. enlarge •   • f. one that rules

Grammar   Gerund

B Fill in the blanks using words in the brackets.

1. After _____(mate) with a male ant or many males, she flies to her nesting area.

2. She loses her wings and spends her life _____(lay) eggs.

3. Their job is _____(fly) out and _____(mate) with the winged queens from other colonies.

4. The males die soon after _____(complete) their job.

5. These workers' job is _____(collect) food and _____(feed) members of the colony.

6

Black Holes

Vocabulary

A **Match the words with their correct definitions.**

1. astronomer •   • a. a scientist who studies the stars and planets

2. galaxy •   • b. to see and notice something

3. observe •   • c. to break apart and fall down suddenly

4. gravity •   • d. containing a lot of things or people in a small area

5. dense •   • e. one of the large groups of stars that make up the universe

6. collapse •   • f. the force which causes things to drop to the ground

Grammar   Auxiliary verb *can*

B **Unscramble the sentences.**

1. that there are two ways / Scientists think / a black hole can form

   → _____.

2. on itself / and create a giant black hole / It can collapse

   → _____.

3. Astronomers can locate a black hole / that is near it / by observing a star

   → _____.

4. by looking for these X-rays / a black hole / Astronomers can locate

   → _____.

5. that it can trap space material / It is so dense / forever

   → _____.

Vocabulary

A Match the words with their correct definitions.

1. documented   •

2. motion   •

3. vibration   •

4. tremendous   •

5. impact   •

6. withstand   •

• a. a continuous slight shaking movement

• b. to not be harmed or affected by something

• c. very big, fast and powerful

• d. the act or force of one thing hitting another

• e. an act or process of moving

• f. being recorded in written, photographic, or other form

Grammar   Prepositions: *with, from, against, under*

B Unscramble the sentences.

1. the reason for earthquakes has to do / It states that/ with the earth's plates and their motions

   → _____.

2. the mantle / is / Under the crust

   → _____.

3. because of the heat / The rock material here is melted / from the core of the earth

   → _____.

4. and pushes / against the bottom of the crust / The mantle rises

   → _____.

5. We cannot prevent the mantle / or earthquakes from occurring / from moving

   → _____.

Everything Is Matter

Vocabulary

A Match the words with their correct definitions.

1. element ●   ● a. the most basic substance in everything

2. arrange ●   ● b. a special quality or characteristic of something

3. appearance ●   ● c. a scientific instrument that makes extremely small things look larger

4. physical ●   ● d. to put a group of things or people in a particular order or position

5. property ●   ● e. existing in a form that you can touch or see

6. microscope ●   ● f. the way that someone or something looks

Grammar   Adjectives vs. Adverbs

B Unscramble the sentences.

1. that paper is weak / You know / and that metal and wood are strong

   → _____.

2. or chemically / physically / Matter can change

   → _____.

3. can be seen / by the senses / A physical change

   → _____.

4. its appearance / Only / has changed

   → _____.

5. A chemical change / happens / when the atoms in the matter change

   → _____.

The Grand Canyon

Vocabulary

A **Match the words with their correct definitions.**

1. layer

2. roam

3. breathtaking

4. elevation

5. designate

6. remote

a. to choose someone or something for a particular job or purpose

b. a height above the level of the sea

c. far from towns or other places where people live

d. a thickness of some material laid on a surface

e. to travel, usually for a long time, with no clear purpose

f. astonishing so as to take one's breath away

Grammar   Relative pronoun *where*

B **Fill in the blanks using words in the brackets.**

1. In the inner canyon, _____ _____ _____ _____(where, desertlike, is, it), thousands of bats and California condors roam the skies.

2. Near the top, _____ _____ _____ _____ _____ (where, the coolest, it, is), there are blue spruce and aspen trees.

3. On the floor of the canyon, _____ _____ _____ _____ (where, is, it, desertlike), the most common plants are cacti.

4. Lower down, _____ _____ _____ _____(where, is, it, cool), there are yellow pines.

The Eiffel Tower

Vocabulary

A **Match the words with their correct definitions.**

1. intermediate   •
2. elegant   •
3. competition   •
4. skyscraper   •
5. tear down   •
6. opt   •

• a. to take apart

• b. a very tall modern city building

• c. graceful and stylish in appearance or manner

• d. situated between two points

• e. to make a choice

• f. an event in which people compete

Grammar   Verbs that require an object

B **Unscramble the sentences.**

1. to celebrate / The Eiffel Tower was built / the 100th year anniversary of the French Revolution

   → _____.

2. The Eiffel Tower had / without any intermediate floors / an open frame

   → _____.

3. that it did not reflect / Many critics claimed / the city's elegant character

   → _____.

4. It / the city's elegant character / did not reflect

   → _____.

5. to be used / The tower began / for radio broadcasting

   → _____.

Inventing the Telephone

Vocabulary

A **Match the words with their correct definitions.**

1. employer   •

2. instrument   •

3. admire   •

4. conduct   •

5. laboratory   •

6. take part in   •

  • a. a tool or device used for a particular purpose

  • b. a special room where a scientist does tests or prepares substances

  • c. to organize and carry out

  • d. to be involved

  • e. a person, company, or organization that employs people

  • f. to respect

Grammar   Past participle

B **Fill in the blanks using words in the brackets.**

1. Before the telephone was _____(invent), people used the telegraph.

2. Electricity is _____(use) to send voices over the telephone.

3. The Bell Telephone Company had _____(form), and many phones were in use.

4. Bell was so greatly _____(admire) that during his funeral the telephones in North America were silent in his honor.

5. Those were the first words _____(speak) over the telephone.

Henry Ford: An Icon of the Modern Automobile

Vocabulary

A **Match the words with their correct definitions.**

1. pioneer •   • a. machines of a particular kind or machines in general

2. machinery •   • b. a person who owns or runs an industrial company

3. reliable •   • c. a person who helps create or develop new ideas, methods, etc.

4. appeal •   • d. to be attractive or interesting

5. manufacture •   • e. consistently good in quality or performance; able to be trusted

6. industrialist •   • f. to make something in a factory, usually in large quantities

Grammar   Present participle

B **Fill in the blanks using words in the brackets.**

1. This is not _____ (surprise) because Henry Ford was a pioneer in the modern automobile industry.

2. Ford was born to a _____ (farm) family.

3. After marriage, Henry started _____ (work) to make better automobiles.

4. Several automobiles in their early stages were _____ (be) used in Europe and the United States.

5. He developed an efficient assembly line in which each worker did one simple job as the car moved along on a _____ (move) belt.

Pompeii Comes Alive

A Match the words with their correct definitions.

1. seal   •   • a. the action of excavating

2. belongings   •   • b. to fasten or close securely

3. prosperous   •   • c. a very small piece of burned wood, coal, etc.

4. excavation   •   • d. something you own

5. cinder   •   • e. to assume control or responsibility

6. take charge of •   • f. rich and successful

Grammar   Omitting 'relative pronoun+be verb'

B Unscramble the sentences.

1. buried under the ground / A city / came alive

   → _____ .

2. A volcano / suddenly erupted / located about 8 kilometers north of Pompeii

   → _____ .

3. discovered some pieces of marble / A farmer / digging a well in the countryside
   near Vesuvius

   → _____ .

4. The walls and floors / decorated with paintings and mosaics / also came alive

   → _____ .

5. were found in a bakery / baked on the morning of the eruption / Eighty-one
   loaves of bread

   → _____ .

A Great Earthquake Hits San Francisco

Vocabulary

A Match the words with their correct definitions.

1. foreshock •
2. buckle •
3. victim •
4. catastrophic •
5. debris •
6. derive •

• a. involving or causing sudden great damage or suffering

• b. a mild tremor before the violent shaking movement of an earthquake

• c. the remains of something broken down or destroyed

• d. to bend under a weight or force

• e. to draw or be drawn (from) in source or origin

• f. a person harmed, injured, or killed as a result of a crime or an accident

Grammar   Relative pronouns

B Unscramble the sentences.

1. was finally over / which rocked the entire city / The earthquake

   → _____.

2. Asphalt / buckled and piled up / that covered the streets

   → _____.

3. whose damage was recorded / It was the first large natural disaster / by photography

   → _____.

4. Its importance comes from / the wealth of scientific knowledge / which was derived from it

   → _____.

Endangered Animals

Vocabulary

A **Match the words with their correct definitions.**

1. endangered •   • a. to deal with a problem

2. threat •   • b. not allowed by the law

3. take action •   • c. a company, business, club, etc., that is formed
for a particular purpose

4. cooperation •   • d. someone or something that is regarded as a
possible danger

5. organization •   • e. the process of working together to achieve a
common goal

6. illegal •   • f. seriously at risk of extinction

Grammar   Relative pronoun *that*

B **Unscramble the sentences.**

1. animals / There are / that are endangered

→ _____.

2. The California condor is / that looks like an eagle / a large bird

→ _____.

3. that some hunters / The condors ate animals / killed

→ _____.

4. The gunpowder / made the condors sick / that was left in the animals

→ _____.

5. that people hunted / Sea otters are also endangered animals / for their fur a
long time ago

→ _____.

Stars on Flags

Vocabulary

A Match the words with their correct definitions.

1. hemisphere •   • a. a feeling that something is definitely true or definitely exists

2. district •   • b. happening or existing before but not now

3. unity •   • c. a half of the earth, especially one of the halves above and below the equator

4. belief •   • d. a group of stars that forms a particular pattern and has a name

5. constellation •   • e. the quality of being united into one

6. former •   • f. an area or section of a country, city, or town

Grammar   Subject-verb agreement in a relative clause

B Fill in the blanks using words in the brackets.

1. The American flag has fifty stars that _____(represent) the number of states in it today.

2. The Brazilian flag also has twenty-seven stars, which _____(represent) its twenty-six states and the federal district.

3. The Vietnamese flag also has a star that _____(be) yellow.

4. It represents the unity of all the people who _____(build) the country.

5. The star is also a symbol that _____(show) the important role religion plays in many cultures.

The Hunter and the Crocodiles

Vocabulary

A **Match the words with their correct definitions.**

1. hoist   •   • a. to raise something

2. swear   •   • b. to cause (someone) to remember something

3. riverside •   • c. to cry

4. remind   •   • d. the land along the sides of a river

5. pass by   •   • e. to promise very strongly and sincerely to do or
   not do something

6. weep   •   • f. to move past

Grammar   Past perfect

B **Fill in the blanks using words in the brackets.**

1. The hunter and the crocodiles agreed to show the rabbit how they _____
   _____(come) to the river.

2. They returned to the place where they _____ _____(meet).

3. They took the same path they _____ _____(use) to go to the river.

4. The hunter reminded the crocodiles of the promise that they _____
   _____(make).

5. There were crocodiles that _____ _____ _____(not, eat)
   anything all day long.

How Springtime Comes

Vocabulary

A **Match the words with their correct definitions.**

1. duty
2. insist
3. thaw
4. firewood
5. breeze
6. spirit

a. to cause (something) to stop being frozen
b. a supernatural being
c. a gentle wind
d. something that is done as part of a job
e. wood that is burned as fuel
f. to say firmly and often that something is true

Grammar   Gerund vs. Present participle

B **Fill in the blanks using words in the brackets.**

1. Winter Man went out to do his duty of _____(blow) cold wind upon the earth.

2. He could not help _____(fall) in love with her.

3. Winter Man blew a blast of cold air while _____(insist) that it was still winter.

4. Summer Man blew a warm breeze while _____(answer) that it was not.

5. Everyone trembled with fear because the plants were repeatedly _____(be) frozen and then thawed as the two men argued.

Why We Need Fractions

Vocabulary

A **Match the words with their correct definitions.**

1. note •   • a. short with no unnecessary words

2. concise •   • b. used something as a foundation

3. surgeon •   • c. a symbol representing a single musical sound

4. fraction •   • d. a number which indicates that one number is divided by another

5. ingredient •   • e. a doctor who does operations in a hospital

6. based on •   • f. something that you use to make a particular food

Grammar   if clause

B **Fill in the blanks using words in the brackets.**

1. If you _____(sleep) for six hours, you spent a quarter of the day sleeping.

2. If you _____(cut) a birthday cake into twelve pieces, each piece is a fraction of the whole cake.

3. If you _____(play) a musical instrument, you know that music has fractions.

4. If you are a surgeon, you _____(need) fractions to be able to make precise calculations for operations.

5. If you _____(be) a cook, you also need fractions to measure your ingredients to create the best flavors.

Even and Odd: Strange Cousins

Vocabulary

(A) Match the words with their correct definitions.

1. application •   • a. covered with fur

2. stare •   • b. to raise your shoulders to show that you are not interested or do not know about something

3. pack •   • c. to stop someone by saying or doing something

4. furry •   • d. to put things into cases and bags

5. interrupt •   • e. a form used when making a request

6. shrug •   • f. to look fixedly or vacantly at someone or something

Grammar   Verb tense

(B) Fill in the blanks using words in the brackets.

1. "I _____(be) here to show you my new tricycle," said Odd.

2. "Look at what you have done!" _____(cry) Even.

3. Even's face turned red as he saw that his garden _____ _____ (turn) into a mess.

4. He left Even's house and _____(head) somewhere.

5. The next morning, Even's face turned red again because his cousin Odd _____ _____(plant) cacti with three long, sharp needles.

Unit 1 Tornadoes: Severe Thunderstorms

Vocabulary

Ⓐ 각 단어의 알맞은 의미를 찾아 연결하세요.

1. 파괴적인: 큰 피해를 일으키는 [f]
2. 경로(길): 방향 [d]
3. 개별적으로: 하나씩 [c]
4. 거대한: 크고 무거운 [e]
5. 불안정한: 단단하거나 고정되지 않은, 변함없지 않은 [b]
6. 발생: 달갑지 않은 어떤 일이 갑자기 일어나는 것 [a]

Grammar: 부사

Ⓑ 문장을 순서에 맞게 재배열하세요.

1. 토네이도는 파괴적인 폭풍의 한 종류로, 토네이도 내부에서는 고속으로 회전하는 공기 기둥이 매우 빠르게 돕니다.
[A tornado is a type of violent windstorm in which a rapidly rotating column of air spins very fast]
2. 토네이도는 그리 넓지 않으며 오래 지속되지도 않습니다.
[They are not very wide, and they do not last a long time]
3. 토네이도는 매우 파괴적이고 심지어 치명적입니다.
[They are very destructive and even deadly]
4. 토네이도는 보통 넓은 저기압계에서 발생합니다.
[Tornadoes typically develop within a large scale low-pressure system]
5. 토네이도는 보통 짧은 시간 내에 개별적으로 발생합니다.
[Tornadoes occur individually within a short of time]

Unit 2 Different Types of Pollution

Vocabulary

Ⓐ 각 단어의 알맞은 의미를 찾아 연결하세요.

1. 편리한: 쉬운, 유용한, 또는 특정한 목적에 들어 맞는 [c]
2. 비료: 식물이 더 잘 자라도록 도와주는 화학품 [f]
3. 농업: 농사를 행하는 것 혹은 농사의 학문 [b]
4. 과도한: 필요하거나, 바랐던 거나, 요구되었던 것보다 더 많은 [e]
5. 스며들다: 작은 구멍이나 공간을 통해 천천히 흐르다 [d]

6. 부패하다: 박테리아, 곰팡이, 화학적 작용의 결과로 썩게 만들거나 썩다 [a]

Grammar: 동사 make

Ⓑ 문장을 순서에 맞게 재배열하세요.

1. 우리는 우리의 삶을 더욱 편리하게 만들기 위해 끊임없이 노력합니다. [We continually try to make our lives more convenient]
2. 대기 오염은 사람들이 숨 쉬는 것을 어렵게 할 수 있습니다.
[Air pollution can make it hard for people to breathe]
3. 갇힌 열기는 지구를 더 따뜻하게 만듭니다.
[Trapped heat makes the earth warmer]
4. 조류의 부패 과정이 산소를 사라지게 합니다.[The decaying process of algae makes oxygen disappear]
5. 쓰레기 매립지의 쓰레기는 토양을 건조하고 척박하게 만듭니다.
[Garbage in landfills makes the soil dirty and barren]

Unit 3 Life in the Polar Regions

Vocabulary

Ⓐ 각 단어의 알맞은 의미를 찾아 연결하세요.

1. 덩어리: 보통 특정한 모양이 없는 물질의 큰 양 [f]
2. 에워싸다: 둘러싸다 [a]
3. ~으로 구성되다: 포함하거나 (무엇으로) 구성되다 [e]
4. 다른 곳에서: 다른 장소에서 [c]
5. (지구의) 극: 지구 구의 축의 맨 끝 중 하나 [d]
6. 단열을 위한: 열이나 전기가 들어오거나 밖으로 나가는 것을 막기 위해 (무언가에) 물질을 추가하는 [b]

Grammar: 수를 나타내는 형용사

Ⓑ 문장을 순서에 맞게 재배열하세요.

1. 북극에는 땅 자체가 없고 단지 꽁꽁 언 바닷물이 있을 뿐입니다.
[At the North Pole, there is no land itself but only frozen seawater]
2. 대부분의 육지 동물들은 온혈 포유류와 조류입니다.
[Most of the animals on land are warm-blooded mammals and birds]

3. 북극곰과 펭귄은 극지방에 사는 몇 안 되는 동물들입니다.

[The polar bear and penguin are a few of the animals that live at the poles]

4. 그곳에는 파충류나 양서류도 없습니다.

[There are also no reptiles or amphibians]

5. 그곳에는 곤충류가 거의 없습니다.

[There are very few insect species]

○ Unit 4   What Roots Do

Vocabulary

Ⓐ 각 단어의 알맞은 의미를 찾아 연결하세요.

1. 나무의 몸통: 나무의 두꺼운 중심 줄기 [a]

2. 무기질: 어떤 식품이나 흙에 존재하는 자연적인 물질 [d]

3. 똑바로: 평평한, 고른, 직립한 자세로 [e]

4. 섬유 모양의: 많은 섬유로 이루어져 있거나 섬유처럼 생긴 [f]

5. 흡수하다: 빨아들이다 [c]

6. 닻: 배나 보트가 움직이는 것을 막기 위한 무거운 금속 조각 [b]

Grammar: 수동태

Ⓑ 괄호 안의 단어를 사용하여 빈칸을 채우세요.

1. 뿌리가 없다면, 식물은 바람에 날아가거나 비에 쓸려갈지 모릅니다. [be blown, be washed]

2. 뿌리털이라 불리는 미세한 뿌리가 토양을 뚫고 뻗어 나갑니다. [are called]

3. 물과 무기질은 관을 통해 식물의 모든 잎으로 전달됩니다. [are sent]

4. 어떤 뿌리들은 땅속으로 똑바로 자랍니다. 그것들은 곧은 뿌리라고 불립니다. [are called]

5. 야자수는 높이 서 있도록 돕는 실뿌리의 튼튼한 망이 있습니다. [help]

○ Unit 5   Ants Are Social Insects

Vocabulary

Ⓐ 각 단어의 알맞은 의미를 찾아 연결하세요.

1. 통치자: 지배하는 누군가 [f]

2. 방어하다: 해로움이나 위험으로부터 보호하다 [d]

3. 짝짓기를 하다: 동물들이 번식을 위해 함께 모이다 [a]

4. 침입하다: 어떤 곳에 들어가서 물건들을 훔치다 [c]

5. 수명: 사람이나 동물이 사는 시간의 길이 [b]

6. 확장하다: 크기나 규모를 증가시키다 [e]

Grammar: 동명사

Ⓑ 괄호 안의 단어를 사용하여 빈칸을 채우세요.

1. 한 마리 혹은 여러 마리의 수개미와 짝짓기를 한 후에 여왕개미는 자신의 보금자리로 날아갑니다. [mating]

2. 여왕개미는 날개를 잃게 되고 평생을 알을 낳으면서 삽니다. [laying]

3. 그들이 하는 일은 바깥으로 날아가서 다른 군집의 날개를 가진 여왕개미들과 짝짓기를 하는 것입니다. [flying, mating]

4. 수개미들은 그들의 일을 완수한 후 곧 죽게 됩니다. [completing]

5. 일개미들의 할 일은 식량을 모으는 것과 구성원들을 먹이는 것입니다. [collecting, feeding]

○ Unit 6   Black Holes

Vocabulary

Ⓐ 각 단어의 알맞은 의미를 찾아 연결하세요.

1. 천문학자: 별과 행성을 연구하는 과학자 [a]

2. 은하계: 우주를 구성하는 별로 이루어진 큰 집단 중의 하나 [e]

3. 관찰하다: 무엇인가를 보며 알아차리다 [b]

4. 중력: 물체가 땅으로 떨어지도록 하는 힘 [f]

5. 밀도가 높은: 작은 공간에 많은 물건이나 사람을 수용하고 있는 [d]

6. 붕괴하다: 산산조각 나거나 갑자기 떨어지다 [c]

Grammar: 조동사 can

Ⓑ 문장을 순서에 맞게 재배열하세요.

1. 과학자들은 블랙홀이 형성되는 방법에는 두 가지가 있다고 생각합니다. [Scientists think that there are two ways a black hole can form]

2. 그것은 스스로 붕괴하고 거대한 블랙홀을 만들 수 있습니다. [It can collapse on itself and create a giant black hole]

3. 천문학자들은 그 주변에 있는 별을 관찰함으로써 블랙홀의 위치를 찾아낼 수 있습니다. [Astronomers can locate a black hole by observing a star that is near it]

4. 천문학자들은 X선을 보고 블랙홀의 위치를 알 수 있습니다. [Astronomers can locate a black hole by looking for these X-rays]

5. 그것은 밀도가 아주 높아서 우주 물질을 영원히 가둘 수 있습니다. [It is so dense that it can trap space material forever]

Unit 7 The Causes of Earthquakes

Vocabulary

A 각 단어의 알맞은 의미를 찾아 연결하세요.

1. 문서로 기록된: 쓰여지거나 사진 혹은 다른 형태로 기록된 [f]
2. 움직임: 움직이는 행동이나 과정 [e]
3. 진동: 끊이지 않고 미세하게 흔들리는 동작 [a]
4. 엄청난: 매우 크고, 빠르고, 힘센 [c]
5. 충격: 어떤 것이 다른 것을 치는 행위나 힘 [d]
6. 견뎌 내다: 어떤 것으로부터 해를 입지 않거나 영향을 받지 않다 [b]

Grammar: 전치사: with, from, against, under

B 문장을 순서에 맞게 재배열하세요.

1. 판 구조론은 지진의 원인이 지구의 판과 그것의 움직임과 관련 있다고 설명합니다.
[It states that the reason for earthquakes has to do with the earth's plates and their motions]

2. 지각 아래에는 맨틀이 있습니다.
[Under the crust is the mantle]

3. 지구 핵으로부터 나오는 열기로 인해 맨틀에 있는 암석 물질은 녹아있습니다. [The rock material here is melted because of the heat from the core of the earth]

4. 열기가 높아지기 시작하면, 맨틀이 융기하고 지각의 바닥을 밀어 올립니다. [The mantle rises and pushes against the bottom of the crust]

5. 우리는 맨틀이 움직이거나 지진이 일어나는 것을 막을 수 없습니다. [We cannot prevent the mantle from moving or earthquakes from occurring]

Unit 8 Everything Is Matter

Vocabulary

A 각 단어의 알맞은 의미를 찾아 연결하세요.

1. 원소: 모든 것의 가장 기본적인 물질 [a]
2. 배열하다: 물건이나 사람들의 집단을 특별한 순서나 위치에 놓다 [d]
3. 외모, 외형: 어떤 사람이나 어떤 물건이 보이는 모습 [f]
4. 물리적인: 만지거나 볼 수 있는 형태로 존재하는 [e]
5. 특성: 어떤 것의 특정한 성질이나 특징 [b]
6. 현미경: 매우 작은 것들도 더 크게 보이게 하는 과학 도구 [c]

Grammar: 형용사 vs. 부사

B 문장을 순서에 맞게 재배열하세요.

1. 종이는 약하고 금속과 나무는 강하다는 것을 당신은 알고 있습니다. [You know that paper is weak and that metal and wood are strong]

2. 물질은 물리적으로 혹은 화학적으로 변할 수 있습니다.
[Matter can change physically or chemically]

3. 물리적 변화는 감각을 통해 볼 수 있습니다.
[A physical change can be seen by the senses]

4. 단지 그것의 모습이 변한 것입니다.
[Only its appearance has changed]

5. 화학적 변화는 물질의 원자가 변할 때 일어납니다.
[A chemical change happens when the atoms in the matter change]

Unit 9 The Grand Canyon

Vocabulary

A 각 단어의 알맞은 의미를 찾아 연결하세요.

1. 층: 표면에 깔린 어떤 물질의 한 겹(두께) [d]
2. 배회하다: 주로 긴 시간을 정확한 목적 없이 돌아다니다 [e]
3. 숨이 막히는: 숨이 멎을 정도로 놀라운 [f]
4. 고도: 해수면 위의 높이 [b]
5. 지정하다: 어떤 사람이나 어떤 것을 특별한 일이나 목적을 위해 정하다 [a]
6. 외딴: 사람들이 사는 도시나 장소에서 떨어진 [c]

Grammar: 관계부사 where

B 괄호 안의 단어를 사용하여 빈칸을 채우세요.

1. 내부 협곡은 사막과 같은 곳으로 수천 마리의 박쥐와 캘리포니아 콘도르가 하늘을 배회합니다.   [where it is desertlike]
2. 정상 근처는 가장 서늘한 지역으로 가문비나무와 미루나무가 있습니다.   [where it is the coolest]
3. 협곡의 바닥은 사막과 같은 곳으로 가장 흔한 식물은 선인장입니다.   [where it is desertlike]
4. 좀 더 내려오면 시원한 곳으로 황소나무가 있습니다.
   [where it is cool]

Unit 10   The Eiffel Tower

Vocabulary

A 각 단어의 알맞은 의미를 찾아 연결하세요.

1. 중간의: 두 지점의 사이에 있는   [d]
2. 우아한: 외모나 예의가 우아하고 세련된   [c]
3. 대회: 사람들이 겨루는 경기   [f]
4. 고층 건물: 매우 높은 현대 도시 건물   [b]
5. 해체하다: 분해하다   [a]
6. 택하다: 결정하다   [e]

Grammar: 목적어가 필요한 동사

B 문장을 순서에 맞게 재배열하세요.

1. 에펠탑은 1889년 프랑스 혁명 100주년을 기념하기 위해 건축되었습니다.
   [The Eiffel Tower was built to celebrate the 100th year anniversary of the French Revolution]
2. 에펠탑은 두 개의 플랫폼을 제외하고는 중간층이 전혀 없는 개방형 구조였습니다.   [The Eiffel Tower had an open frame without any intermediate floors]
3. 많은 비평가들은 이 탑이 도시의 우아한 성격을 반영하지 못한다고 주장했습니다.   [Many critics claimed that it did not reflect the city's elegant character]
4. 에펠탑은 도시의 우아한 성격을 반영하지 못했습니다.
   [It did not reflect the city's elegant character]
5. 에펠탑은 라디오 방송을 위해 사용되기 시작했습니다.   [The tower began to be used for radio broadcasting]

Unit 11   Inventing the Telephone

Vocabulary

A 각 단어의 알맞은 의미를 찾아 연결하세요.

1. 고용주: 사람들을 고용하는 사람, 회사, 또는 기관   [e]
2. 기구: 특별한 목적을 위해 사용되는 도구나 장치   [a]
3. 존경하다: 존경하다   [f]
4. (특정 활동을) 하다: 준비하고 수행하다   [c]
5. 실험실: 과학자가 실험하거나 물질들을 준비하는 특별한 방   [b]
6. 참여하다: 관여하다   [d]

Grammar: 과거분사

B 괄호 안의 단어를 사용하여 빈칸을 채우세요.

1. 전화기가 발명되기 전, 사람들은 전신을 이용하였습니다.
   [invented]
2. 전화기에서 목소리를 전달하기 위해 전기가 사용됩니다. [used]
3. '벨 전화 회사'가 설립되었고 많은 전화기가 사용되었습니다.
   [formed]
4. 벨은 매우 존경받아서 그의 장례식 동안 북미에서는 그를 추모하는 뜻으로 전화기가 울리지 않았습니다.   [admired]
5. 이것이 전화기를 통해 언급된 첫 말이었습니다.   [spoken]

Unit 12   Henry Ford: An Icon of the Modern Automobile

Vocabulary

A 각 단어의 알맞은 의미를 찾아 연결하세요.

1. 개척자: 새로운 아이디어나 방법 등을 만들어내거나 발전시키는 것을 돕는 사람   [c]
2. 기계(류): 특정한 종류의 기계나 일반적인 기계   [a]
3. 믿을 수 있는: 질이나 수행능력이 지속적으로 좋은 상태인, 믿을 수 있는   [e]
4. 관심을 끌다: 매력적이거나 흥미롭다   [d]
5. 제조하다: 공장에서 주로 대량으로 무언가를 만들다   [f]
6. 기업가: 산업체를 소유하거나 경영하는 사람   [b]

Grammar: 현재분사

B 괄호 안의 단어를 사용하여 빈칸을 채우세요.

1. 헨리 포드는 근대 자동차 산업의 개척자였기에 이는 전혀 놀랄 일이 아닙니다. [surprising]
2. 포드는 농사 짓는 집안에서 태어났습니다. [farming]
3. 결혼 후, 헨리는 더 좋은 자동차를 만들기 위해 일하기 시작했습니다. [working]
4. 초기 단계의 몇몇 자동차들이 유럽과 미국에서 사용되고 있었습니다. [being]
5. 그는 이동 벨트를 따라 자동차가 움직이면 각각의 노동자가 하나의 단순 작업을 하는 효율적인 조립 공정을 개발하였습니다. [moving]

● Unit 13 Pompeii Comes Alive

Vocabulary

🅐 각 단어의 알맞은 의미를 찾아 연결하세요.

1. 봉인하다: 꽉 묶거나 안전하게 닫다 [b]
2. 소유물: 당신이 소유하는 어떤 것 [d]
3. 번영한: 부유하고 성공적인 [f]
4. 발굴: 발굴하는(구멍을 파는) 행동 [a]
5. 재: 탄 나무나 석탄 등의 매우 작은 조각 [c]
6. 담당하다: 통제를 하거나 책임을 지다 [e]

Grammar: '관계대명사+be동사' 생략

🅑 문장을 순서에 맞게 재배열하세요.

1. 땅 속에 묻혀있던 도시는 되살아났습니다.
   [A city buried under the ground came alive]
2. 폼페이 북쪽 8킬로미터쯤에 위치해 있던 화산이 갑자기 폭발했습니다.
   [A volcano located about 8 kilometers north of Pompeii suddenly erupted]
3. 베수비오 화산 근처 시골 지역에서 우물을 파던 한 농부가 대리석 조각들을 발견하였습니다.
   [A farmer digging a well in the countryside near Vesuvius discovered some pieces of marble]
4. 그림과 모자이크로 장식된 벽과 바닥들 또한 되살아났습니다.
   [The walls and floors decorated with paintings and mosaics also came alive]
5. 폭발이 있던 날 아침 구워진 81개 빵 덩어리가 빵집에서 발견되었습니다.
   [Eighty-one loaves of bread baked on the morning of the eruption were found in a bakery]

● Unit 14 A Great Earthquake Hits San Francisco

Vocabulary

🅐 각 단어의 알맞은 의미를 찾아 연결하세요.

1. 초기 미동: 지진의 격렬한 흔들림이 있기 전의 가벼운 떨림 [b]
2. 비틀다: 무게나 힘으로 구부리다 [d]
3. 희생자: 범죄나 사고의 결과로 다치거나 부상을 입거나 죽임을 당한 사람 [f]
4. 처참한: 급작스러운 큰 피해나 고통을 유발하거나 관련된 [a]
5. 잔해: 부러지거나 파괴된 것의 나머지들 [c]
6. 파생하다, 유래하다: 원천이나 기원에서부터 끌어내거나 끌어내어지다 [e]

Grammar: 관계대명사

🅑 문장을 순서에 맞게 재배열하세요.

1. 도시 전체를 뒤흔든 지진이 마침내 끝났습니다.
   [The earthquake which rocked the entire city was finally over]
2. 거리를 덮었던 아스팔트가 휘어져 쌓였습니다. [Asphalt that covered the streets buckled and piled up]
3. 그것은 사진으로 그 피해가 기록된 최초의 거대한 자연재해였습니다. [It was the first large natural disaster whose damage was recorded by photography]
4. 이 지진의 중요성은 지진으로부터 파생된 풍부한 과학적 지식에서 비롯됩니다. [Its importance comes from the wealth of scientific knowledge which was derived from it]

● Unit 15 Endangered Animals

Vocabulary

🅐 각 단어의 알맞은 의미를 찾아 연결하세요.

1. 멸종 위기의: 심각하게 멸종 위기에 처한 [f]
2. 위협: 위험할 수 있다고 여겨지는 어떤 사람이나 어떤 것 [d]
3. 조치를 취하다: 문제를 처리하다 [a]

4. 협력: 공통의 목표를 달성하기 위해 함께 일하는 과정 [e]

5. 단체: 특정한 목표를 위해 설립된 회사, 기업, 동호회 등 [c]

6. 불법의: 법으로 허락되지 않는 [b]

Grammar: 관계대명사 that

B 문장을 순서에 맞게 재배열하세요.

1. 멸종 위기에 처한 동물들이 있습니다.

[There are animals that are endangered]

2. 캘리포니아 콘도르는 독수리처럼 보이는 큰 새입니다.

[The California condor is a large bird that looks like an eagle]

3. 콘도르는 어떤 사냥꾼들이 죽인 동물을 먹었습니다. [The condors ate animals that some hunters killed]

4. 그 동물들에 남아 있던 화약은 콘도르를 아프게 만들었습니다.

[The gunpowder that was left in the animals made the condors sick]

5. 오래 전에 사람들이 털을 얻고자 사냥했던 해달 또한 멸종 위기에 처한 동물입니다.

[Sea otters are also endangered animals that people hunted for their fur a long time ago]

● Unit 16 Stars on Flags

Vocabulary

A 각 단어의 알맞은 의미를 찾아 연결하세요.

1. 반구: 지구의 반쪽, 특히 적도의 위나 아래의 반쪽 중 하나 [c]

2. 구역: 나라, 도시, 마을의 지역이나 구획 [f]

3. 통합: 하나로 묶이는 특성 [e]

4. 믿음: 무엇인가가 분명히 진실이거나 분명히 존재한다는 느낌 [a]

5. 별자리: 특정한 모양을 만들고 이름이 있는 별들의 무리 [d]

6. 이전의: 현재가 아닌 이전에 일어나거나 존재한 [b]

Grammar: 관계절에서 주어와 동사 수일치

B 괄호 안의 단어를 사용하여 빈칸을 채우세요.

1. 미국 국기는 오늘날 미국에 있는 주의 숫자를 나타내는 50개의 별이 있습니다. [represent]

2. 브라질 국기에도 26개 주와 1개의 연방자치구를 나타내는 27

개의 별이 있습니다. [represent]

3. 베트남의 국기에도 노란색 별이 하나 있습니다. [is]

4. 이 별은 국가를 건설했던 모든 사람들의 통합을 상징합니다.

[built]

5. 별은 또한 많은 문화들에서 종교가 하는 중요한 역할을 보여주는 상징이기도 합니다. [shows]

● Unit 17 The Hunter and the Crocodiles

Vocabulary

A 각 단어의 알맞은 의미를 찾아 연결하세요.

1. 들어 올리다: 무언가를 올리다 [a]

2. 맹세하다: 무언가를 하겠다거나 하지 않겠다고 매우 강하게 진심으로 약속하다 [e]

3. 강가: 강변을 따라 있는 땅 [d]

4. 상기시키다: (누군가에게) 무언가를 기억하도록 만들다 [b]

5. 옆을 지나다: 지나쳐 이동하다 [f]

6. 눈물을 흘리다: 울다 [c]

Grammar: 과거완료

B 괄호 안의 단어를 사용하여 빈칸을 채우세요.

1. 사냥꾼과 악어들은 토끼에게 어떻게 그들이 강으로 왔었는지 보여주기로 동의했습니다. [had come]

2. 그들은 그들이 만났었던 장소로 갔습니다. [had met]

3. 그들은 강으로 갈 때와 똑같은 길을 따라갔습니다. [had used]

4. 사냥꾼은 악어들에게 그들이 했었던 약속을 상기시켰습니다.

[had made]

5. 온종일 아무것도 먹지 못했던 악어들이 있었습니다.

[had not eaten]

● Unit 18 How Springtime Comes

Vocabulary

A 각 단어의 알맞은 의미를 찾아 연결하세요.

1. 임무: 직업의 한 부분으로서 행해지는 무언가 [d]

2. 주장하다: 무엇인가가 사실이라고 굳건히 자주 이야기하다 [f]

3. 해동시키다: (무언가가) 얼어붙는 것을 멈추도록 하다 [a]

4. 장작: 연료로써 태워지는 나무 [e]

5. 미풍: 순한 바람 [c]

6. 정령: 초자연적인 존재 [b]

Grammar: 동명사 vs. 현재분사

B 괄호 안의 단어를 사용하여 빈칸을 채우세요.

1. 윈터 맨이 찬 바람을 세상에 불어야 하는 그의 임무를 다하기 위해 나갔습니다. [blowing]

2. 그는 그녀와 사랑에 빠질 수 밖에 없었습니다. [falling]

3. 윈터 맨이 아직 겨울이라고 주장하며 한바탕 차가운 바람을 일으켰습니다. [insisting]

4. 썸머 맨은 그렇지 않다고 대답하며 따뜻한 바람을 불어댔습니다. [answering]

5. 두 정령이 다투는 동안 식물이 반복해서 얼었다 녹았다 하자 모든 사람들은 두려움에 떨었습니다. [being]

Unit 19 **Why We Need Fractions**

Vocabulary

A 각 단어의 알맞은 의미를 찾아 연결하세요.

1. 음표: 하나의 음을 나타내는 기호 [c]

2. 간결한: 불필요한 말들 없이 짧은 [a]

3. 외과의사: 병원에서 수술하는 의사 [e]

4. 분수: 하나의 숫자가 다른 숫자로 나누어지고 있음을 나타내는 숫자 [d]

5. 재료: 특정한 음식을 만드는 데 당신이 사용하는 것들 [f]

6. ~에 기반을 둔: 어떤 것을 기초로 사용하는 [b]

Grammar: if절

B 괄호 안의 단어를 사용하여 빈칸을 채우세요.

1. 만일 당신이 여섯 시간을 잤다면, 하루의 1/4을 잠으로 보낸 것입니다. [slept]

2. 만일 당신이 생일 케이크를 열두 조각으로 자른다면, 각 조각은 전체 케이크의 부분입니다. [cut]

3. 만일 당신이 악기를 연주한다면, 음악에 분수가 있다는 것을 알 수 있습니다. [play]

4. 만일 당신이 외과의사라면, 수술에 필요한 정확한 계산을 하는 데 분수가 필요합니다. [need]

5. 만일 당신이 요리사라면, 최고의 맛을 내기 위해 재료를 측량하

는 데에도 분수가 필요합니다. [are]

Unit 20 **Even and Odd: Strange Cousins**

Vocabulary

A 각 단어의 알맞은 의미를 찾아 연결하세요.

1. 신청서: 요청할 때 쓰이는 신고서 [e]

2. 응시하다: 누군가나 무언가를 고정적으로 혹은 공허하게 보다 [f]

3. (짐을) 싸다, 꾸리다: 물건들을 용기나 가방에 넣다 [d]

4. 털이 많은: 털로 덮인 [a]

5. 중단시키다: 어떤 말이나 행동으로 누군가를 막다 [c]

6. 으쓱하다: 당신이 흥미가 없다든가 무엇인가에 대해 모른다는 것을 보여주기 위해 어깨를 올리다 [b]

Grammar: 동사의 시제

B 괄호 안의 단어를 사용하여 빈칸을 채우세요.

1. "너한테 새로 산 세발자전거를 보여주려고 왔어." 오드가 말했습니다. [am]

2. "네가 한 짓을 봐!" 이븐이 소리쳤습니다. [cried]

3. 그의 정원이 엉망진창으로 변한 것을 본 이븐의 얼굴은 빨갛게 변했습니다. [had turned]

4. 그는 이븐의 집을 떠나 어디론가 향했습니다. [headed]

5. 다음 날 아침, 이븐의 얼굴은 다시 빨갛게 변했는데 그의 사촌 오드가 세 개의 뾰족하고 긴 바늘이 달린 선인장을 심고 있었기 때 문입니다. [was planting]

R미국교과서 리딩
READING

LEVEL 5 ③

Answer Key

길벗스쿨

| 본문 해석 | 토네이도: 맹렬한 뇌우   p.16

토네이도는 파괴적인 폭풍의 한 종류로, 토네이도 내부에서는 고속으로 회전하는 공기 기둥이 매우 빠르게 돕니다. 토네이도는 그리 넓지 않으며 오래 지속되지도 않습니다. 그러나 토네이도는 매우 파괴적이고 심지어 치명적입니다.

토네이도는 보통 넓은 저기압계에서 발생합니다. 대지 가까이에서 불안정한 뜨거운 공기가 올라와 더 서늘한 공기와 만나면 뇌우가 형성됩니다. 가끔 거대한 뇌우가 빠른 속도로 땅에 닿는 회오리바람을 만들어 냅니다. 이것이 토네이도입니다. 토네이도의 중심부에서는 바람의 속도는 시속 500킬로미터 또는 그 이상에 이릅니다. 이런 빠른 속도로 바람은 경로에 있는 어떤 것도 파괴할 수 있습니다.

평균적으로 매년 1,000개 이상의 토네이도가 미국을 강타합니다. 그리고 미국 중부의 '토네이도 통로'는 매우 파괴적인 토네이도가 자주 발생하는 지역입니다.

토네이도는 보통 짧은 시간 내에 개별적으로 발생합니다. 예를 들어, 1974년 4월 미시시피 강 동쪽에서는 단 이틀 만에 150개에 가까운 토네이도가 발생했다고 보고되었습니다. 그리고 1991년 4월에는 이틀 내에 54개의 토네이도 발생이 일어났습니다. 1925년 3월 18일에 발생한 '트리 스테이트' 토네이도는 미국 역사상 가장 치명적인 것이었습니다. 기록에 의하면 751명이 이 토네이도에 의해 목숨을 잃었습니다. 이 토네이도는 하나의 지속적인 토네이도가 아니라 여러 개의 독립적인 토네이도였습니다.

| Vocabulary 해석 |

• windstorm 폭풍: ⓝ 바람은 매우 강하게 불지만 비나 눈은 아주 조금 오거나 전혀 오지 않는 폭풍 • destructive 파괴적인: ⓐ 큰 피해를 일으키는 • unstable 불안정한: ⓐ 단단하거나 고정되지 않은, 변함없지 않은 • massive 거대한: ⓐ 크고 무거운 • path 경로(길): ⓝ 방향 • individually 개별적으로: ⓐⓓ 하나씩 • outbreak 발생: ⓝ 달갑지 않은 어떤 일이 갑자기 일어나는 것 • independent 독립적인: ⓐ 다른 사람, 사물 등과 분리되어 있거나 연결되어 있지 않은

| 사진 해석 |

tornado damage to a house 가옥의 토네이도 피해
a tornado and lightning 토네이도와 번개
a tornado over the ocean 바다에 몰아치는 토네이도

| Grammar Quiz: 부사 |

문장 ①과 ②에서 밑줄 친 단어가 수식하는 것을 찾으세요.
① rotating   ② develop

| 배경지식 확인하기 | p.15

1. 때때로 맹렬한 폭풍은 토네이도를 일으킵니다.   [severe]

2. 그것(토네이도)은 기압이 급강하 하며 소용돌이를 일으킬 때 시작됩니다.   [creates]

3. 토네이도는 온난전선이 한랭전선을 만날 때마다 형성됩니다.   [form]

| 문제 정답 및 해석 | p.18

Comprehension Checkup

A 가장 알맞은 답을 고르세요.

1. 본문은 주로 무엇에 관한 글인가요?   [b]
   a. 토네이도 통로는 무엇인가
   b. 토네이도의 특징
   c. 토네이도는 어떻게 형성되고 소멸되는가
   d. 미국에서 가장 위험한 토네이도

2. 불안정한 따뜻한 공기가 더 서늘한 공기를 만날 때 무슨 일이 발생하나요?   [a]
   a. 뇌우가 형성됩니다.
   b. 뇌우가 땅에 닿습니다.
   c. 넓은 저기압계가 작용합니다.
   d. 따뜻한 공기와 더 서늘한 공기가 함께 빠르게 회전합니다.

3. 1925년 3월 18일에 751명은 어떻게 죽었나요?   [c]
   a. 미국 중부에 지진이 발생했습니다.
   b. 한 개의 거대한 토네이도가 토네이도 통로에서 형성되었습니다.
   c. 여러 개의 독립적인 토네이도가 미국에서 발생했습니다.

d. 약 150개의 토네이도가 미시시피강 동쪽에서 형성되었습니다.

4. 토네이도에 관한 어떤 진술이 사실이 아닌가요? [b]

  a. 토네이도의 바람은 경로에 있는 어떤 것도 파괴할 수 있습니다.

  b. 토네이도는 아주 넓지는 않지만, 긴 시간 지속될 수 있습니다.

  c. 고속으로 회전하는 공기 기둥은 토네이도 안에서 빠르게 회전합니다.

  d. 토네이도 중심부에서 바람의 속도는 시속 500킬로미터 혹은 그 이상에 이릅니다.

의도 파악 유형

5. 저자가 네 번째 문단에서 토네이도의 다양한 경우를 언급한 이유는 무엇인가요? [d]

  a. 토네이도가 불규칙적으로 형성된다는 사실에 반대하기 위해

  b. 토네이도는 파괴적이고 치명적임을 강조하기 위해

  c. 토네이도 통로가 사람들이 살기에 왜 위험한 장소인지 설명하기 위해

  d. 개별적으로 발생하는 파괴적인 토네이도의 연속의 예를 들기 위해

쓰기 유형

B 알맞은 단어를 써 넣어 문장을 완성하세요.

6. 토네이도는 파괴적인 폭풍의 한 종류로, 토네이도 내부에서는 고속으로 회전하는 공기 기둥이 매우 빠르게 돕니다.

[a rapidly rotating column of air]

Vocabulary & Grammar

A 알맞은 단어를 골라 빈칸을 채우세요.

1. 토네이도는 파괴적이고 치명적입니다. [destructive]

2. 토네이도의 발생은 많은 사람들을 죽였습니다. [outbreak]

3. 토네이도는 개별적으로 혹은 작은 집단으로 형성될 수 있습니다. [individually]

4. 대지 가까이에서 불안정한 뜨거운 공기가 올라와 더 서늘한 공기와 만나면 뇌우가 형성됩니다. [unstable]

5. 토네이도는 아주 빠르게 회전하는 큰 폭풍입니다. [windstorm]

6. 가끔 거대한 뇌우가 빠른 속도로 땅에 닿는 회오리바람을 만들어 냅니다. [massive]

B 부사의 알맞은 위치를 고르세요.

> 토네이도는 매우 파괴적이고 치명적입니다. / 부사

▶ Grammar 요목 부가 설명 p.75

1. 토네이도는 파괴적인 폭풍의 한 종류로, 토네이도 내부에서는 고속으로 회전하는 공기 기둥이 매우 빠르게 돕니다. [②]

2. 토네이도는 그리 넓지 않으며 오래 지속되지도 않습니다. [①]

3. 토네이도는 매우 파괴적이고 심지어 치명적입니다. [②]

4. 토네이도는 보통 넓은 저기압계에서 발생합니다. [①]

5. 토네이도는 보통 짧은 시간 내에 개별적으로 발생합니다. [①]

Organization & Summary

A 빈칸을 채워 표를 완성하세요.

핵심 주제와 세부 사항 〈핵심 주제: 토네이도의 특징〉

세부 사항 1: 그것은 무엇인가

● 파괴적인 폭풍의 한 종류   1. windstorm

● 그 안에 고속으로 회전하는 공기 기둥   2. column

세부 사항 2: 그것은 어떻게 발생하는가

● 대지 가까이에서 불안정한 뜨거운 공기가 올라와 더 서늘한 공기와 만날 때   3. rises

● 거대한 뇌우가 빠른 속도로 땅에 닿는 회오리바람을 만들어 낼 때   4. touches

세부 사항 3: 개별적 토네이도의 연속

● 미국의 매년 평균 1,000개가 넘는 토네이도   5. average

● 토네이도 통로: 토네이도가 자주 발생하는 지역   6. high

B 빈칸을 채워 요약문을 완성하세요.

토네이도는 파괴적인 폭풍으로, 내부에서 회전하는 공기 기둥이 매우 빠르게 돕니다. 토네이도는 넓은 저기압계에서 발생합니다. 불안정한 뜨거운 공기가 더 서늘한 공기를 만날 때 뇌우가 형성됩니다. 가끔 거대한 뇌우가 빠른 속도로 땅에 닿는 회오리바람을 만들어 냅니다. 이것이 토네이도입니다. 토네이도는 보통 짧은 시간 내에 개별적으로 발생합니다. 1925년의 '트리 스테이트' 토네이도는 미국 역사상 가장 치명적이었습니다.

❶ violent   ❷ spins   ❸ unstable

❹ rotational   ❺ individually   ❻ deadliest

| 본문 해석 | 오염의 다른 유형   p.22

우리는 우리의 삶을 더욱 편리하게 만들기 위해 끊임없이 노력합니다. 그렇게 함으로써, 오염은 더 심각한 문제가 되었습니다. 오염에는 크게 세 종류가 있습니다.

오염의 한 종류는 대기 오염입니다. 주로 자동차와 공장에서 나오는 스모그가 대기 오염의 한 원인입니다. 대기 오염은 사람들이 숨쉬는 것을 어렵게 할 수 있습니다. 대기 오염은 또한 날씨를 변하게 할 수 있습니다. 예를 들어, 자동차와 공장으로부터의 대기 오염은 햇빛의 열기를 가둡니다. 이것이 지구를 더 따뜻하게 만듭니다. 과학자들은 이를 '지구 온난화'라고 부릅니다.

수질 오염은 농업에서 사용된 과도한 화학 비료로 인해 발생합니다. 비가 이 과도한 화학 비료를 시내와 호수로 운반합니다. 이 화학 비료 때문에 시내와 호수 속 조류가 과도하게 자라게 됩니다. 조류가 죽으면 밑바닥에 가라앉고 썩게 됩니다. 부패 과정에서는 다른 동물과 식물이 생존하는 데 필요한 산소를 사용합니다.

또 다른 종류의 오염은 토지 오염입니다. 토지 오염은 사람들이 만들어내는 쓰레기에 의해 발생합니다. 쓰레기 매립장은 매일 빠르게 채워지고 있습니다. 쓰레기 매립지에 더 많은 쓰레기가 쌓여갈수록 폐기물은 땅속으로 스며듭니다. 결국에는 토양이 오염되고 인류와 동물 모두에게 질병을 일으키게 됩니다.

오염된 환경에서 살고 싶은 사람은 아무도 없습니다. 바다나 호수에 쓰레기를 버리지 마세요. 재생지 냅킨과 재사용이 가능한 플라스틱 용기를 사용하세요. 또한, 짧은 여행에는 자동차는 집에 두고 자전거를 이용하세요.

| Vocabulary 해석 |

- **convenient** 편리한: ⓐ 쉬운, 유용한, 또는 특정한 목적에 들어 맞는 • **trap** 가두다: ⓥ 빠져 나오지 못하게 막다 • **excess** 과도한: ⓐ 필요거나, 바랐던 거나, 요구되었던 것보다 더 많은 • **fertilizer** 비료: ⓝ 식물이 더 잘 자라도록 도와주는 화학품 • **agriculture** 농업: ⓝ 농사를 행하는 것 혹은 농사의 학문 • **decay** 부패하다: ⓥ 박테리아, 곰팡이, 화학적 작용의 결과로 썩게 만들거나 썩다 • **seep** 스며들다: ⓥ 작은 구멍이나 공간을 통해 천천히 흐르다 • **reusable** 재사용할 수 있는: ⓐ 다시 혹은 한번 이상 사용될 수 있는

| 사진 해석 |

algae polluted water 조류로 오염된 물

| Grammar Quiz: 동사 make |

문장 ①과 ②에서 목적어를 찾으세요.

① it   ② the earth

| 배경지식 확인하기 | p.21

1. 우리의 천연자원은 빠르게 사라지고 있습니다. [disappearing]
2. 에너지를 절약한다는 것은 대기 오염, 산성비, 온실 가스를 덜 유발한다는 것을 의미합니다. [Saving]
3. 아무도 더러운 공기, 오염된 물, 건조하고 척박한 흙이 있는 세상을 원하지 않습니다. [polluted]

| 문제 정답 및 해석 | p.24

Comprehension Checkup

A 가장 알맞은 답을 고르세요.

1. 본문은 주로 무엇에 관한 글인가요?   [d]
   a. 쓰레기가 어떻게 토양을 오염시키는가
   b. 과도한 비료의 문제점
   c. 자동차와 공장이 어떻게 대기를 오염시키는가
   d. 오염의 원인과 영향

2. 무엇이 지구 온난화를 유발하나요?   [d]
   a. 자동차와 공장이 스모그를 줄입니다.
   b. 과도한 비료가 조류를 성장시킵니다.
   c. 쓰레기 매립지의 쓰레기가 땅속으로 스며듭니다.
   d. 갇힌 태양의 열기가 지구를 더 뜨겁게 만듭니다.

3. 토양이 오염되면 어떤 일이 발생하나요?   [b]
   a. 공장은 땅 위에 지어질 수 없습니다.
   b. 인간과 동물 모두에게 질병이 생깁니다.
   c. 시내와 호수에 조류가 과하게 자라기 시작합니다.

d. 다른 동물과 식물이 필요한 산소가 사라집니다.

4. 오염을 멈추는 데 도움이 되는 방법이 아닌 것은 무엇인가요?
   a. 재생지 냅킨을 사용합시다.　　　　　　　　　[c]
   b. 재사용할 수 있는 플라스틱 용기를 사용합시다.
   c. 짧은 여행이라도 항상 운전을 합시다.
   d. 바다나 호수에 쓰레기를 버리지 맙시다.

추론 유형

5. 세 번째 단락에서 유추할 수 있는 것은 무엇인가요?　　[c]
   a. 비료는 조류가 부패하는 데에 필요합니다.
   b. 농사에는 비료를 사용해서는 안 됩니다.
   c. 비료는 조류가 성장할 수 있도록 영양분을 제공할 수 있습니다.
   d. 시내와 호수는 조류에게 좋은 환경은 아닙니다.

쓰기 유형

B 알맞은 단어를 써 넣어 문장을 완성하세요.

6. 우리가 우리의 삶을 더욱 편리하게 만들기 위해 노력할수록, 오염은 더 심각한 문제가 되었습니다.
   [more convenient, a more serious issue]

Vocabulary & Grammar

A 알맞은 단어를 골라 빈칸을 채우세요.

1. 조류가 죽으면 밑바닥에 가라앉고 썩게 됩니다.　　[decay]
2. 농업에서 사용되는 비료는 수질 오염을 유발할 수 있습니다.
   [Fertilizer]
3. 과도한 비료는 수질 오염을 유발할 수 있습니다.　　[Excess]
4. 재생지 냅킨과 재사용할 수 있는 플라스틱 용기를 사용합시다.
   [reusable]
5. 플라스틱 컵과 비닐봉지는 우리의 삶을 더 편하게 만듭니다.
   [convenient]
6. 폐기물은 땅속으로 스며들고 토지를 오염시킵니다.　[seeps]

B 알맞은 단어를 골라 문장을 완성하세요.

이것이 지구를 더 따뜻하게 만듭니다.
/ 동사 make (make+목적어+목적격 보어)

▶ **Grammar 요목 부가 설명** p.75

1. 우리는 우리의 삶을 더욱 편리하게 만들기 위해 끊임없이 노력합니다.　　　　　　　　　　　[more convenient]
2. 대기 오염은 사람들이 숨 쉬는 것을 어렵게 할 수 있습니다.
   [hard]
3. 갇힌 열기는 지구를 더 따뜻하게 만듭니다.
   [the earth warmer]
4. 조류의 부패 과정이 산소를 사라지게 합니다.　[disappear]
5. 쓰레기 매립지의 쓰레기는 토양을 건조하고 척박하게 만듭니다.
   [the soil dirty and barren]

Organization & Summary

A 빈칸을 채워 표를 완성하세요.

분류하기 〈오염의 주요한 세 종류〉

대기 오염

1) 주요 원인: 주로 자동차와 공장으로부터의 스모그　　1. smog
2) 영향 • 사람들이 숨 쉬는 것을 어렵게 만듦　　　2. breathe
   • 지구를 더 따뜻하게 만듦

수질 오염

1) 주요 원인: 과도한 비료
2) 오염시키는 과정: 비가 비료를 시내로 옮깁니다. → 조류가 과도하게 자랍니다. → 죽은 조류는 가라앉고 부패합니다.　3. sink
3) 영향: 다른 생물체들이 필요로 하는 산소를 사용함　4. oxygen

토지 오염

1) 주요 원인: 사람들이 만들어 내는 쓰레기　　　　5. garbage
2) 오염시키는 과정: 폐기물이 땅속으로 스며듭니다.　　6. seeps
3) 영향: 인간과 동물 모두에게 질병을 유발

B 빈칸을 채워 요약문을 완성하세요.

오염은 심각한 문제가 되었습니다. 자동차와 공장의 스모그가 대기 오염을 일으킵니다. 대기 오염은 사람들이 숨 쉬는 것을 어렵게 할 수 있습니다. 그것은 또한 지구를 더 따뜻하게 만들 수 있습니다. 과도한 비료는 수질 오염을 일으킵니다. 비료는 비를 통해 시내로 옮겨집니다. 그것이 조류를 지나치게 많이 자라게 합니다. 조류가 부패하는 과정에서 동물이나 식물이 생존하는 데 필요한 산소를 사용합니다. 토지 오염은 쓰레기에 의해 발생합니다. 쓰레기 매립지에 더 많은 쓰레기가 쌓일수록 폐기물이 땅속으로 스며듭니다.

❶ serious　　　❷ warmer　　　❸ rain
❹ algae　　　　❺ survive　　　❻ landfills

| 본문 해석 | 극지방에서의 생활 p. 28

북극은 지구상의 최북단 지점이고 남극은 지구상의 최남단 지점입니다. 북극과 남극의 기후는 일년 내내 춥습니다. 바다는 단단하게 얼어붙었고 눈으로 덮여 있습니다.

북극 주변 지역을 '북극(Arctic)'이라고 부릅니다. 북극은 북아메리카, 유럽, 아시아 대륙의 북부를 포함합니다. 이 거대한 땅이 북극해를 둘러싸고 있습니다. 북극에는 땅 자체가 없고 단지 꽁꽁 언 바닷물이 있을 뿐입니다. 겨울에 이 얼어붙은 바다가 육지 동물들이 한 대륙에서 다른 대륙으로 이동할 수 있게 해줍니다.

남극 주변의 지역을 '남극(Antarctic)'이라고 부릅니다. 남극은 남극 대륙과 주변 남극해로 구성됩니다. 아무리 추운 겨울이라도 남극 대륙은 항상 물로 둘러싸여 있어 육지 동물들이 쉽게 이 지역을 떠나 이동할 수 없습니다.

극지방의 생활은 지구 상의 다른 곳에서의 생활과 매우 다릅니다. 대부분의 육지 동물들은 온혈 포유류와 조류입니다. (그들은 극단적인 조건에 적응했습니다.) 그들은 두꺼운 털이나 깃털을 가지고 있어 공기를 가둬두는 단열층을 제공합니다. 그래서 그들은 열 손실을 막고 피부를 따뜻하고 건조하게 유지합니다. 북극여우, 북극곰, 펭귄은 극지방에 사는 몇 안 되는 동물들입니다. 그곳에는 파충류나 양서류도 없고, 곤충류도 거의 없습니다.

| Vocabulary 해석 |

- pole (지구의) 극: ⓝ 지구 구의 축의 맨 끝 중 하나
- northernmost 최북단의: ⓐ 가장 북쪽에
- southernmost 최남단의: ⓐ 가장 남쪽에 • mass 덩어리: ⓝ 보통 특정한 모양이 없는 물질의 큰 양 • enclose 에워싸다: ⓥ 둘러싸다 • comprise ~으로 구성되다: ⓥ 포함하거나 (무엇으로) 구성되다 • elsewhere 다른 곳에서: ⓐⓓ 다른 장소에서 • insulating 단열을 위한: ⓐ 열이나 전기가 들어오거나 밖으로 나가는 것을 막기 위해 (무언가에) 물질을 추가하는

| 사진 해석 |

Arctic and Antarctic 북극과 남극
Arctic fox 북극여우
polar bear 북극곰
emperor penguins 황제펭귄

| Grammar Quiz: 수를 나타내는 형용사 |

문장 ①과 ②에서 수를 나타내는 형용사를 찾으세요.
① a few   ② no, few

| 배경지식 확인하기 | p. 27

1. 알래스카에 사는 동물들은 북극광을 보러 가고 싶었습니다.
   [living]

2. 북극곰들과 펭귄들은 떠다니는 얼음 덩어리에 올라야 했습니다.
   [floating]

3. 여섯 개의 얼음 덩어리는 총 30마리의 동물을 태우고 북극광을 보러 떠났습니다.   [sailed]

| 문제 정답 및 해석 | p. 30

Comprehension Checkup

A 가장 알맞은 답을 고르세요.

1. 본문은 주로 무엇에 관한 글인가요?   [a]
   a. 극지방의 환경과 동물들
   b. 북극과 남극의 공통점
   c. 극지방의 온혈 포유류와 새들
   d. 극지방에 파충류와 양서류가 없는 이유

2. 북극에 관한 어떤 진술이 사실이 아닌가요?   [c]
   a. 북극(Arctic)이라고 불립니다.
   b. 북극해에 둘러싸여 있습니다.
   c. 땅 자체가 없고 흐르는 바닷물만 있습니다.
   d. 겨울에는 동물들이 한 대륙에서 다른 대륙으로 이동할 수 있습니다.

3. 남극 대륙은 무엇에 둘러싸여 있나요?   [a]
   a. 물
   b. 떠다니는 얼음
   c. 얼어붙은 물
   d. 땅 덩어리

4. 대부분의 포유류와 새들은 왜 두꺼운 털이나 깃털이 있나요? [d]

   a. 그들은 온혈이기 때문에

   b. 파충류와 양서류를 쉽게 사냥하기 위해

   c. 한 대륙에서 다른 대륙으로 이동하기 위해

   d. 열 손실을 막고 피부를 따뜻하고 건조하게 유지하기 위해

문장 삽입 유형

5. 다음 문장이 들어갈 위치는 어디인가요? [b]

> 그들은 극단적인 조건에 적응했습니다.

쓰기 유형

B 알맞은 단어를 써 넣어 문장을 완성하세요.

6. 북극은 지구상의 최북단 지점이고 남극은 지구상의 최남단 지점입니다. [northernmost point on the earth]

Vocabulary & Grammar

A 알맞은 단어를 골라 빈칸을 채우세요.

1. 북극은 지구상의 최북단 지점입니다. [northernmost]

2. 지구상의 최남단은 남극이라고 불립니다. [Pole]

3. 극지방의 생활은 지구 상의 다른 곳에서의 생활과 매우 다릅니다. [elsewhere]

4. 북극해는 이 거대한 땅에 둘러싸여 있습니다. [masses]

5. 북미, 유럽, 아시아의 북쪽 대륙은 북극해를 둘러싸고 있습니다. [enclose]

6. 그들은 두꺼운 털이나 깃털을 가지고 있어 공기를 가둬두는 단열층을 제공합니다. [insulating]

B 알맞은 단어를 골라 문장을 완성하세요.

> 그곳에는 곤충류가 거의 없습니다. / 수를 나타내는 형용사

▶ **Grammar 요목 부가 설명** p. 75

1. 북극에는 땅 자체가 없고 단지 꽁꽁 언 바닷물이 있을 뿐입니다. [no]

2. 대부분의 육지 동물들은 온혈 포유류와 조류입니다. [Most of]

3. 북극여우, 북극곰, 펭귄은 극지방에 사는 몇 안 되는 동물들입니다. [a few]

4. 그곳에는 파충류나 양서류도 없습니다. [no]

5. 그곳에는 곤충류가 거의 없습니다. [few]

Organization & Summary

A 빈칸을 채워 표를 완성하세요.

비교와 대조

북극

- 땅 자체는 없음
- 단지 꽁꽁 언 바닷물   1. frozen
- 한 대륙에서 다른 대륙으로 이동할 수 있음   2. continent

공통점

- 아주 추움
- 대부분의 동물들: 온혈 포유류와 조류, 극단적인 조건에 적응함

    3. warm-blooded   4. adapting

남극

- 항상 물에 둘러싸여 있음   5. surrounded
- 지역을 떠나 쉽게 이동할 수 없음   6. travel

B 빈칸을 채워 요약문을 완성하세요.

극지방의 기후는 혹독하게 춥습니다. 대부분 동물들은 극단적인 상태에 적응한 온혈의 포유류나 조류입니다. 북극 주변 지역을 북극이라고 부릅니다. 북극에는 땅 자체가 없고 단지 얼어붙은 바닷물이 있을 뿐입니다. 겨울에 얼어붙은 바다가 육지의 동물들이 한 대륙에서 다른 대륙으로 이동할 수 있게 해 줍니다. 남극 주변 지역을 남극이라고 부릅니다. 남극 대륙은 언제나 물에 둘러싸여 있어서, 육지의 동물들이 쉽게 이 지역을 떠나 이동할 수 없습니다.

❶ climate   ❷ mammals   ❸ extreme

❹ Arctic   ❺ Antarctic   ❻ water

| 본문 해석 | **뿌리가 하는 일** p. 34

모든 식물들은 뿌리가 있습니다. 뿌리는 식물이 자라는 데 매우 중요한 역할을 합니다. 뿌리는 땅에서 식물을 단단하게 잡아주는 닻과 같은 역할을 합니다. 뿌리가 없다면, 식물은 바람에 날아가거나 비에 쓸려갈지 모릅니다. 뿌리는 식물이 살고 자라는 데 필요한 물과 영양분을 흡수합니다. 뿌리털이라 불리는 미세한 뿌리가 토양을 뚫고 뻗어 나가 물과 무기질을 흡수합니다. 그리고 물과 무기질은 관을 통해 식물의 모든 잎으로 전달됩니다.

뿌리는 모양이 각기 다릅니다. 어떤 뿌리는 땅속으로 똑바로 자랍니다. 이런 뿌리들은 땅속 깊이 자라 깊은 곳의 물까지 다다르는 경향이 있습니다. 이런 뿌리들을 곧은 뿌리라고 부릅니다. 다른 뿌리는 사방으로 뻗어 나갑니다. 이런 뿌리들은 보통 땅 바로 아래에 있습니다. 이런 뿌리들은 실뿌리입니다.

식물들은 자기가 사는 장소와 필요한 물의 양에 따라 각기 다른 종류의 뿌리를 가집니다. 예를 들어, 야자수는 습기가 많은 열대 지역에서 자랍니다. 야자수는 보통 키가 크고 가는 몸통이 있습니다. 따라서 야자수는 높이 서 있도록 돕는 실뿌리의 튼튼한 망이 있습니다. 반면, 선인장류는 사막에서 자랍니다. 선인장류의 뿌리는 찾을 수 있는 물을 최대한 많이 흡수해야 합니다. 따라서 그들은 긴 곧은 뿌리와 두꺼운 돗자리 같은 실뿌리를 가집니다. 이 뿌리들은 땅속과 식물에게서 멀리 떨어진 곳의 물 한 방울까지 찾아냅니다.

| Vocabulary 해석 |

• role 역할: ⓝ 기능이나 하는 일 • anchor 닻: ⓝ 배나 보트가 움직이는 것을 막기 위한 무거운 금속 조각 • absorb 흡수하다: ⓥ 빨아들이다 • mineral 무기질: ⓝ 어떤 식품이나 흙에 존재하는 자연적인 물질 • straight 똑바로: ⓐⓓ 평평한, 고른, 직립한 자세로 • fibrous 섬유 모양의: ⓐ 많은 섬유로 이루어져 있거나 섬유처럼 생긴 • trunk 나무의 몸통: ⓝ 나무의 두꺼운 중심 줄기 • web 망: ⓝ 어떤 것 들이 복잡하게 연결된 무늬

| 사진 해석 |

fibrous roots 실뿌리
taproots 곧은 뿌리

| Grammar Quiz: 수동태 |

문장 ①과 ②에서 동사를 찾으세요.
① are sent ② are called

| 배경지식 확인하기 | p. 33

1. 공기, 물, 햇빛, 공간은 식물이 살고 성장하도록 돕습니다.
[water]

2. 식물은 줄기, 뿌리, 잎이 있습니다. [roots]

3. 뿌리는 식물이 땅에 있도록 유지합니다. [ground]

| 문제 정답 및 해석 | p. 36

Comprehension Checkup

Ⓐ 가장 알맞은 답을 고르세요.

1. 본문은 주로 무엇에 관한 글인가요? [d]
  a. 왜 선인장류에서는 긴 곧은 뿌리가 자라는가
  b. 어떻게 뿌리가 닻처럼 기능하는가
  c. 뿌리의 모양과 길이
  d. 뿌리의 기능과 종류

2. 뿌리는 왜 식물에게 중요한가요? [c]
  a. 뿌리는 영양분이 아닌 물만 흡수할 수 있습니다.
  b. 뿌리는 가장 작은 새싹은 지탱할 수 있지만 큰 나무는 지탱할 수 없습니다.
  c. 뿌리가 없으면 식물은 날아가거나 쓸려갈지 모릅니다.
  d. 뿌리가 없으면 식물은 태양에서 무기질을 흡수할 수 있습니다.

3. 물과 영양분은 어떻게 모든 잎으로 전달되나요? [a]
  a. 관을 통해
  b. 꽃을 통해
  c. 비를 통해
  d. 공기를 통해

4. 어떤 진술이 사실인가요? [d]

  a. 식물이 사막에서 살아남는 것은 불가능합니다.

  b. 열대 지역의 식물은 높고 두꺼운 몸통을 갖고 있습니다.

  c. 식물이 두 종류의 뿌리를 모두 갖는 것은 불가능합니다.

  d. 식물이 필요한 물의 양이 뿌리 종류를 결정합니다.

의도 파악 유형

5. 저자가 닻을 언급한 이유는 무엇인가요? [b]

  a. 실뿌리의 예를 들기 위해

  b. 뿌리의 중요한 역할을 강조하기 위해

  c. 곧은 뿌리가 왜 곧게 아래로 자라는지 설명하기 위해

  d. 뿌리의 두 모양의 특징을 비교하기 위해

쓰기 유형

B 알맞은 단어를 써 넣어 문장을 완성하세요.

6. 뿌리는 땅에서 식물을 단단하게 잡아주는 닻과 같은 역할을 하고, 식물이 살고 자라는 데 필요한 물과 영양분을 흡수합니다. [hold plants firmly, absorb the water and nutrients]

Vocabulary & Grammar

A 알맞은 단어를 골라 빈칸을 채우세요.

1. 뿌리는 땅에서 식물을 단단히 잡아주는 닻과 같은 역할을 합니다. [anchors]

2. 실뿌리는 사방으로 뻗어 나갑니다. [Fibrous]

3. 실뿌리의 튼튼한 망이 있어서 야자수는 높게 서 있을 수 있습니다. [webs]

4. 야자수는 보통 키가 크고 가는 몸통이 있습니다. [trunks]

5. 곧은 뿌리들은 땅속으로 똑바로 자랍니다. [straight]

6. 뿌리털이 토양을 뚫고 뻗어 나가 물과 무기질을 흡수합니다. [minerals]

B 알맞은 단어를 골라 문장을 완성하세요.

> 그것들은 곧은 뿌리라고 불립니다. / 수동태

▶ **Grammar 요목 부가 설명** p.75

1. 뿌리가 없다면, 식물은 바람에 날아가거나 비에 쓸려갈지 모릅니다. [washed]

2. 뿌리털이라 불리는 미세한 뿌리가 토양을 뚫고 뻗어 나갑니다. [which are called]

3. 물과 무기질은 관을 통해 식물의 모든 잎으로 전달됩니다. [are sent]

4. 어떤 뿌리들은 땅속으로 똑바로 자랍니다. 그것들은 곧은 뿌리라고 불립니다. [are called]

5. 야자수는 높이 서 있도록 돕는 실뿌리의 튼튼한 망이 있습니다. [help]

Organization & Summary

A 빈칸을 채워 표를 완성하세요.

핵심 주제와 세부 사항 〈핵심 주제: 뿌리의 기능과 모양〉

세부 사항 1: 기능

• 식물을 땅에 단단히 잡아줌   1. hold

• 물과 영양분을 흡수함   2. absorb

세부 사항 2: 모양

두 개의 다른 모양

• 곧은 뿌리 → 똑바로 아래로 자람   3. straight

• 실뿌리 → 사방으로 뻗어감   4. directions

이유

• 식물이 어디에 사는가   5. where

• 식물이 얼마나 많은 물을 필요로 하는가 → 야자수 vs. 선인장류

     6. how much

B 빈칸을 채워 요약문을 완성하세요.

뿌리는 식물이 자라는 데 매우 중요한 역할을 합니다. 뿌리는 식물을 토양에 단단하게 잡아줍니다. 뿌리는 또한 식물이 살고 자라는 데 필요한 물과 무기질을 흡수합니다. 곧은 뿌리는 땅속으로 똑바로 자랍니다. 실뿌리는 사방으로 뻗어 나갑니다. 야자나무는 높이 서 있도록 돕는 실뿌리의 튼튼한 망이 있습니다. 선인장류는 긴 곧은뿌리와 두꺼운 돗자리 같은 실뿌리가 있습니다.

❶ roles   ❷ firmly   ❸ minerals

❹ spread   ❺ Cacti   ❻ thick

| 본문 해석 | 개미는 사회적인 곤충입니다 　　　p. 42

개미는 남극 대륙을 제외한 모든 대륙에서 발견됩니다. 과학자들은 전 세계에 2만 여종의 다른 개미가 있을 거라 추정합니다. 비록 개미의 종이 매우 다양하기는 하지만, 모든 개미는 공통적으로 하나의 특성이 있습니다. 모든 개미가 사회적인 곤충이라는 것입니다. 개미들은 군집생활을 합니다.

대부분의 개미 군집은 네 가지 유형의 개미들로 구성되어 있습니다. 여왕개미, 수개미, 병정개미, 일개미가 있습니다.

각 군집은 적어도 하나의 여왕개미가 있습니다. 여왕개미는 통치자라기보다는 알을 생산하는 역할을 합니다. 여왕개미는 날개를 가지고 태어나는데, 짝짓기하는 동안 이 날개를 사용합니다. 한 마리 혹은 여러 마리의 수개미와 짝짓기를 한 후에 여왕개미는 자신의 보금자리로 날아갑니다. 그리고 나면 여왕개미는 날개를 잃게 되고 평생을 알을 낳으면서 삽니다.

수개미는 날개를 가진 작은 개미입니다. 수개미는 수명이 짧습니다. 그들이 하는 일은 바깥으로 날아가서 다른 군집의 날개를 가진 여왕개미들과 짝짓기를 하는 것입니다. 수개미들은 그들의 일을 완수한 후 곧 죽게 됩니다.

병정개미는 군집을 지키는 대규모의 일꾼들입니다. 병정개미는 자주 다른 집단에 침입하여 노예를 잡아옵니다. 놀랍게도 그들은 알을 낳을 수 없는 암개미들입니다.

군집의 마지막 구성원은 일개미입니다. 일개미는 작고 날개가 없는 암컷으로 여왕개미의 새끼들입니다. 일개미 역시 알을 낳지 못합니다. 일개미들은 식량을 모아 군집 구성원들을 먹여 살리고 집을 넓혀 나갑니다. 군집에서 대부분의 개미는 일개미입니다.

| Vocabulary 해석 |

- **trait** 특성: ⓝ 어떤 사람이나 어떤 것의 독특한 특징
- **colony** 군집: ⓝ 한 장소에서 살거나 자라고 있는 식물이나 동물 집단 • **ruler** 통치자: ⓝ 지배하는 누군가 • **mate** 짝짓기를 하다: ⓥ 동물들이 번식을 위해 함께 모이다 • **life span** 수명: 사람이나 동물이 사는 시간의 길이 • **defend** 방어하다: ⓥ 해로움이나 위험으로부터 보호하다 • **raid** 침입하다: ⓥ 어떤 곳에 들어가서 물건들을 훔치다 • **enlarge** 확장하다: ⓥ 크기나 규모를 증가시키다

| 사진 해석 |

queen ant 여왕개미　　　male ant 수개미
soldier ant 병정개미　　worker ant 일개미

| Grammar Quiz: 동명사 |

문장 ①과 ②에서 동명사를 찾으세요.

① mating　　② completing

| 배경지식 확인하기 | p. 41

1. 곤충은 날 수 있는 최초의 동물이었습니다.　　　[flight]
2. 곤충은 알에서 생겨납니다.　　　[develop]
3. 동물은 음식, 물, 공기, 안전한 살 곳이 필요합니다.　　　[safe]

| 문제 정답 및 해석 | p. 44

Comprehension Checkup

Ⓐ 가장 알맞은 답을 고르세요.

1. 본문은 주로 무엇에 관한 글인가요?　　　[d]
   a. 개미의 습성　　　b. 개미의 다양한 종
   c. 여왕개미의 삶　　d. 개미 군집에서 개미의 종류

2. 여왕개미에 관한 어떤 진술이 사실이 아닌가요?　　　[b]
   a. 여왕개미는 자신의 보금자리에서 알을 낳습니다.
   b. 여왕개미는 죽을 때 날개를 잃습니다.
   c. 여왕개미는 짝짓기 할 때 날개를 사용합니다.
   d. 여왕개미는 통치자라기 보다는 알을 생산하는 역할을 합니다.

3. 수개미가 할 일을 완수한 후에 어떤 일이 발생하나요?　　　[c]
   a. 수개미는 알을 돌보는 데 삶을 바칩니다.
   b. 수개미는 군집을 방어하고 노예를 잡아옵니다.
   c. 수개미는 여왕개미와 짝짓기를 한 후 곧 죽습니다.
   d. 수개미는 먹이를 모아서 군집 구성원들을 먹입니다.

4. 병정개미와 일개미 둘 다에 관한 사실은 무엇인가요?　　　[b]
   a. 그들은 여왕개미의 새끼입니다.

b. 그들은 알을 낳을 수 없는 암개미입니다

c. 그들은 작고 날개가 없습니다.

d. 그들은 먹이를 모으고 집을 넓혀 나갑니다.

추론 유형

5. 본문에서 유추할 수 있는 것은 무엇인가요?   [b]

   a. 어느 군집에서나 병정개미의 수는 같습니다.

   b. 개미의 다른 군집들 사이에는 충돌이 있습니다.

   c. 잡혀 온 노예는 새 군집의 구성원이 될 수 없습니다.

   d. 여왕개미는 반복적으로 알을 낳기 때문에 수명이 짧습니다.

쓰기 유형

B 알맞은 단어를 써 넣어 문장을 완성하세요.

6. 대부분의 개미 군집은 네 가지 유형의 개미들로 구성되어 있습니다. 여왕개미, 수개미, 병정개미, 일개미가 있습니다.

   [the queen, males, soldiers, workers]

Vocabulary & Grammar

A 알맞은 단어를 골라 빈칸을 채우세요.

1. 병정개미는 자주 다른 집단에 침입하여 노예를 잡아옵니다.

   [raid]

2. 수개미는 짧은 수명을 가진 작은 개미입니다.   [life spans]

3. 모든 개미가 공유하는 하나의 특성은 개미가 사회적인 곤충이라는 것입니다.   [trait]

4. 여왕개미는 수개미와 짝짓기를 하는 동안 날개를 사용합니다.

   [mating]

5. 일개미는 군집을 넓혀 나가는 암개미입니다.   [enlarge]

6. 여왕개미는 통치자이긴 하지만, 알을 생산하는 역할에 더 가깝습니다.   [ruler]

B 알맞은 단어를 골라 문장을 완성하세요.

> 여왕개미는 날개를 잃게 되고 평생을 알을 낳으면서 삽니다.
> / 동명사

▶ **Grammar 요목 부가 설명** p.75

1. 한 마리 혹은 여러 마리의 수개미와 짝짓기를 한 후에 여왕개미는 자신의 보금자리로 날아갑니다.   [mating]

2. 여왕개미는 날개를 잃게 되고 평생을 알을 낳으면서 삽니다.

   [laying]

3. 그들이 하는 일은 바깥으로 날아가서 다른 군집의 날개를 가진 여왕개미들과 짝짓기를 하는 것입니다.   [flying, mating]

4. 수개미는 그들의 일을 완수한 후 곧 죽게 됩니다.

   [completing]

5. 일개미의 할 일은 식량을 모으는 것과 군집 구성원들을 먹이는 것입니다.   [collecting, feeding]

Organization & Summary

A 빈칸을 채워 표를 완성하세요.

핵심 주제와 세부 사항 〈핵심 주제: 군집에서 네 유형의 개미〉

세부 사항 1: 여왕개미

• 알을 생산하는 역할	1. producer
• 짝짓기하기 위해 날개를 사용함	2. mate
• 짝짓기 후에 날개를 잃음	

세부 사항 2: 수개미

• 날개가 있는 작은 개미	
• 짧은 수명	3. short
• 짝짓기 후에 죽음	

세부 사항 3: 병정개미

• 군집을 방어함	4. defend
• 다른 군집을 습격하고 노예를 잡아 옴	
• 암컷, 알을 낳을 수 없음	

세부 사항 4: 일개미

• 작고 날개가 없는 암컷 개미	5. wingless
• 먹이를 모음, 군집의 구성원들을 먹임, 집을 넓혀나감	
	6. enlarge

B 빈칸을 채워 요약문을 완성하세요.

모든 개미는 사회적 곤충입니다. 그들의 집단은 여왕개미와 수개미, 병정개미, 일개미로 구성되어 있습니다. 여왕개미는 알을 낳습니다. 짝짓기를 한 후 그녀는 알을 낳으며 일생을 보냅니다. 수개미의 할 일은 바깥으로 날아가서 다른 군집의 날개가 있는 여왕개미와 짝짓기를 하는 것입니다. 수개미는 그들의 일을 완수한 후 곧 죽습니다. 병정개미는 군집을 방어합니다. 그들은 종종 다른 군집을 침입하고 노예를 잡아옵니다. 일개미는 여왕개미의 새끼들입니다. 그들은 식량을 모으고, 집단의 구성원들을 먹이며, 집을 확장합니다.

❶ social   ❷ composed   ❸ completing

❹ raid   ❺ capture   ❻ collect

| 본문 해석 | 블랙홀　　　　　　　　　　　　　　p.48

블랙홀은 우주에서 밀도가 아주 높은 지역입니다. 블랙홀은 밀도가 아주 높아서 우주 물질을 영원히 가둘 수 있습니다. 과학자들은 블랙홀이 형성되는 방법에는 두 가지가 있다고 생각합니다.

한 방법은 큰 별의 죽음에 의한 것입니다. 별은 살아있거나 빛을 내기 위해 연료가 필요합니다. 연료는 (별을) 밖으로 밀어내고 중력은 별을 안으로 밀어 넣습니다. 두 힘은 별이 계속 빛날 수 있게 해줍니다. 그러나 연료가 떨어지면 별이 붕괴할 때까지 별을 안으로 밀어 넣는 중력만 남을 것입니다. 이로 인해 밀도가 높은 지역이 생성되는 것입니다. 여기에는 밀어 넣는 힘만 있고 밖으로 밀어내는 힘은 없습니다.

블랙홀이 만들어지는 또 하나의 방법은 은하계 중심에서 물질들의 집합에 의한 것입니다. 은하계 중심에 많은 물질들이 모이면 스스로 붕괴하여 거대한 블랙홀을 만들 수 있습니다.

우리도 은하계 중심부에 블랙홀을 가지고 있습니다. 블랙홀은 별처럼 빛을 내지 않아서 위치를 찾아내기 어렵습니다. 그러나 천문학자들은 그 주변에 있는 별을 관찰함으로써 블랙홀의 위치를 찾아낼 수 있습니다. 별이 블랙홀로 빨려 들어갈 때, 별은 X선을 방출합니다. 천문학자들은 X선을 보고 블랙홀의 위치를 찾아낼 수 있습니다. 그러나 블랙홀 안에서 무슨 일이 일어나는지는 아무도 모릅니다.

| Vocabulary 해석 |

- dense 밀도가 높은: ⓐ 작은 공간에 많은 물건이나 사람을 수용하고 있는 • gravity 중력: ⓝ 물체가 땅으로 떨어지도록 하는 힘 • inward 내부로: ⓐⓓ 안쪽으로나 무언가의 중심 쪽으로
- collapse 붕괴하다: ⓥ 산산조각 나거나 갑자기 떨어지다
- galaxy 은하계: ⓝ 우주를 구성하는 별로 이루어진 큰 집단 중의 하나 • locate 위치를 찾아내다: ⓥ 어떤 것의 정확한 위치를 알아내다 • astronomer 천문학자: ⓝ 별과 행성을 연구하는 과학자 • observe 관찰하다: ⓥ 무엇인가를 보며 알아차리다

| Grammar Quiz: 조동사 can |

문장 ①과 ②에서 can의 의미에 동그라미 하세요.
① to be possible　　② to be able to

| 배경지식 확인하기 | p.47

1. 태양계는 태양과 그 주위를 도는 모든 행성들입니다.
　　　　　　　　　　　　　　　　　　　[planets]
2. 우리의 태양계는 태양과 8개의 행성, 위성, 가스와 먼지로 구성되어 있습니다.　　　　　　　　　　　[consists]
3. 태양계의 모든 물체들은 태양 주위를 돕니다.　[orbit]

| 문제 정답 및 해석 | p.50

Comprehension Checkup

Ⓐ 가장 알맞은 답을 고르세요.

1. 본문은 주로 무엇에 관한 글인가요?　　　　　[d]
   a. 블랙홀은 어디에 있는가
   b. 별은 어떻게 계속 빛나는가
   c. 누가 블랙홀의 위치를 파악할 수 있는가
   d. 블랙홀은 어떻게 형성되는가

2. 블랙홀이 형성되는 두 가지 방법은 무엇인가요? (정답 두 개를 고르세요.)　　　　　　　　　　　　　　[a, d]
   a. 큰 별의 죽음
   b. 별에서 나오는 강한 X선
   c. 거대한 은하계의 탄생
   d. 은하계 중심에서 물질의 집합

3. 별이 계속 살아있거나 빛나기 위해서는 무엇이 필요한가요?
   a. 밀도가 높은 지역　　　　　　　　　　　[c]
   b. 별을 은하계 밖으로 밀어내는 힘
   c. 밀어내는 연료와 안으로 밀어 넣는 중력
   d. 별이 붕괴할 때까지 안으로 미는 힘

4. 천문학자들은 어떻게 우주에서 X선을 관찰할 수 있나요? [d]
   a. 블랙홀이 형성될 때, X선을 방출합니다.
   b. 많은 물질들이 모일 때, X선을 방출합니다.
   c. 연료가 소진될 때, 별은 중력과 X선을 방출합니다.
   d. 별이 블랙홀 안으로 당겨질 때, X선을 방출합니다.

5. 저자는 블랙홀 안에서 무슨 일이 일어나는지 아무도 모른다는 것을 왜 언급하나요? [c]

　　a. 블랙홀의 위치를 찾아내는 것에 아무도 성공하지 못했음을 설명하기 위해

　　b. 강한 X선 때문에 블랙홀 가까이게 가는 것은 불가능함을 말하기 위해

　　c. 블랙홀은 밀도가 아주 높아서 우주 물질을 영원히 가둘 수 있음을 강조하기 위해

　　d. 천문학자들이 블랙홀을 탐험하기 위해 기술을 발전시켜야 함을 주장하기 위해

쓰기 유형

B 알맞은 단어를 써 넣어 문장을 완성하세요.

6. 블랙홀은 우주에서 밀도가 아주 높은 지역입니다. 블랙홀은 우주 물질을 영원히 가둘 수 있습니다.

　　　　　　　[very dense, trap space material]

Vocabulary & Grammar

A 알맞은 단어를 골라 빈칸을 채우세요.

1. 블랙홀은 밀도가 아주 높아서 우주 물질을 영원히 가둘 수 있습니다. [dense]

2. 천문학자들은 블랙홀의 위치를 찾아내는 방법을 알고 있습니다. [Astronomers]

3. 중력은 별을 안으로 끌어당기지만 연료는 (별을) 밖으로 밀어 냅니다. [inward]

4. 블랙홀은 별처럼 빛나지 않기 때문에 블랙홀의 위치를 알아내는 것은 어렵습니다. [locate]

5. 우리도 은하계 중심부에 블랙홀을 가지고 있습니다. [galaxy]

6. 연료가 소진되면 별이 붕괴될 때까지 별을 안으로 밀어 넣는 중력만 남을 것입니다. [collapses]

B 알맞은 단어를 골라 문장을 완성하세요.

> 그것(블랙홀)은 밀도가 아주 높아서 우주 물질을 영원히 가둘 수 있습니다. / 조동사 can

▶ **Grammar 요목 부가 설명** p.75

1. 과학자들은 블랙홀이 형성되는 방법에는 두 가지가 있다고 생각합니다. [can form]

2. 그것은 스스로 붕괴하고 거대한 블랙홀을 만들 수 있습니다. [can collapse]

3. 천문학자들은 그 주변에 있는 별을 관찰함으로써 블랙홀의 위치를 찾아낼 수 있습니다. [can locate]

4. 천문학자들은 X선을 보고 블랙홀의 위치를 알 수 있습니다. [can locate]

5. 그것은 밀도가 아주 높아서 우주 물질을 영원히 가둘 수 있습니다. [can trap]

Organization & Summary

A 빈칸을 채워 표를 완성하세요.

핵심 주제와 세부 사항 〈핵심 주제: 블랙홀〉

세부 사항 1: 어떻게 형성되는가

1) 큰 별의 죽음에 의해　　　　　　　　　　1. death
- 연료는 밖으로 밀어내고 중력은 별을 안으로 밀어 넣습니다.
- 연료가 소진되면, 중력은 별이 붕괴할 때까지 안으로 밀어 넣습니다.　　　　　　　2. runs out

2) 은하계 중심에서 물질들의 집합　　　　3. collection
- 은하계 중심에 많은 물질들이 모입니다 → 그것은 붕괴할 수 있습니다.　　　　　4. middle

세부 사항 2: 어떻게 위치를 찾아내는가
- 별이 블랙홀 안으로 당겨지면, X선을 방출합니다.　5. pulled
- 천문학자들은 X선을 봄으로써 블랙홀의 위치를 찾아낼 수 있습니다.　　　　　6. Astronomers

B 빈칸을 채워 요약문을 완성하세요.

블랙홀은 우주에서 밀도가 높은 지역입니다. 블랙홀은 우주의 물질을 영원히 가둘 수 있습니다. 별의 죽음으로 블랙홀이 형성될 수 있습니다. 별이 생존하기 위한 연료가 소멸되면 오직 중력만 남게 됩니다. 중력은 별이 붕괴할 때까지 안으로 밀어 넣습니다. 이것이 밀도가 높은 지역을 만듭니다. 많은 물질이 은하계 중심에 모이면, 그것은 스스로 붕괴하고 거대한 블랙홀이 만들어질 수 있습니다.

❶ dense　　　❷ forever　　　❸ alive
❹ creates　　❺ matter　　　❻ giant

| 본문 해석 | 지진의 원인   p.54

지진이 일어나는 원인에 관한 많은 이론이 있습니다. 가장 과학적으로 문서로 기록된 이론은 '판 구조론'입니다. 판 구조론은 지진의 원인이 지구의 판과 그것의 움직임과 관련이 있다고 설명합니다. 지구의 지각은 판 때문에 끊임없이 움직이는데, 판은 대륙만큼이나 넓은 땅덩이입니다. 지각 아래에는 맨틀이 있습니다. 지구 핵으로부터 나오는 열기로 인해 맨틀에 있는 암석 물질은 녹아있습니다. 이것은 항상 액체처럼 흘러 다닙니다. 열기가 높아지기 시작하면, 맨틀이 융기하고 지각의 바닥을 밀어 올립니다. 맨틀이 지구 표면으로 강력하게 움직이면 단층이라 불리는 지각의 균열이 움직입니다. 이 진동이 지각을 통해 이동합니다.

사실 많은 지진들은 매우 경미해서 사람들이 거의 느낄 수 없습니다. 그러나 지진이 판 경계선 부근에서 일어나면 엄청난 충격이 지각을 때리고, 그 진동이 사방으로 퍼져 나갑니다. 이 진동은 땅이 흔들리고 극심하게 움직이게 합니다. 파괴적인 지진은 판 경계선 주변에 있는 나라에서 자주 일어납니다.

우리는 맨틀이 움직이거나 지진이 일어나는 것을 막을 수 없습니다. 따라서 우리는 지진을 견딜 수 있는 더 튼튼한 건물, 댐, 다리를 짓는 방법을 연구해야 합니다. 그렇게 하면, 파괴와 인명의 손실을 줄일 수 있습니다.

| Vocabulary 해석 |

• documented 문서로 기록된: ⓐ 쓰여지거나 사진 혹은 다른 형태로 기록된 • motion 움직임: ⓝ 움직이는 행동이나 과정 • vibration 진동: ⓝ 끊이지 않고 미세하게 흔들리는 동작 • boundary 경계: ⓝ 한 구역이 끝나고 다른 구역이 시작되는 곳을 나타내는 무언가 • tremendous 엄청난: ⓐ 매우 크고, 빠르고, 힘센 • impact 충격: ⓝ 어떤 것이 다른 것을 치는 행위나 힘 • withstand 견뎌 내다: ⓥ 어떤 것으로부터 해를 입지 않거나 영향을 받지 않다 • destruction 파괴: ⓝ 어떤 것을 파괴하는 행위

| 사진 해석 |

Each red dot is a place where an earthquake has happened frequently. 각 붉은 점은 지진이 자주 발생했던 위치입니다.

structure of the earth 지구의 구조

crust 지각, upper mantle 상부 맨틀, mantle 맨틀, outer core 외핵, inner core 내핵

| Grammar Quiz: 전치사: with, from, against, under |

문장 ①과 ②에서 아래와 같은 의미의 전치사를 찾으세요.
① 무언가가 시작된 곳을 지칭하는 = from
② 움직임의 반대 방향의 = against

| 배경지식 확인하기 | p.53

1. '불의 고리'(환태평양 화산대)는 화산이 분포한 매우 큰 원입니다.
   [volcanoes]
2. '불의 고리'는 종종 지진을 발생시킵니다.   [earthquakes]
3. 그것(화산)들은 많은 사람들에게 아주 위험합니다.
   [dangerous]

| 문제 정답 및 해설 | p.56

Comprehension Checkup

A 가장 알맞은 답을 고르세요.

1. 본문은 주로 무엇에 관한 글인가요?   [a]
   a. 지진을 일으키는 원인
   b. 지구의 핵에는 무엇이 있는가
   c. 지구는 무엇으로 구성되는가
   d. 우리는 왜 더 강한 건물을 지어야 하는가

2. 지진을 일으키는 원인을 설명하는 이론은 무엇인가요?   [b]
   a. 녹은 암석 이론   b. 판 구조론
   c. 움직이는 열 이론   d. 거대한 충격 이론

3. 지진이 판 경계선에서 발생할 때 어떤 일이 일어나나요?   [d]
   a. 열기가 높아집니다.
   b. 균열이 움직입니다.
   c. 녹은 암석이 액체처럼 흐릅니다.
   d. 거대한 충격이 지각을 때립니다.

4. 우리 스스로를 지진으로부터 보호하기 위해서 무엇을 해야 하나요?　　　　　　　　　　　　　　　　　[c]

　　a. 우리는 지구가 끊임없이 움직이는 것을 멈추게 해야 합니다.

　　b. 우리는 맨틀이 움직이는 것을 막을 수 있는 방법을 찾아야 합니다.

　　c. 우리는 지진을 견딜 수 있는 건물을 짓는 방법을 연구해야 합니다.

　　d. 우리는 어떤 지진들이 다른 것들보다 훨씬 더 심한 이유를 찾아야 합니다.

추론 유형

5. 지문을 통해 유추할 수 있는 것은 무엇인가요?　　　[b]

　　a. 판 경계선에 건물을 짓는 것은 허락되지 않습니다.

　　b. 인간이 깨닫지 못하는 사이에도 맨틀은 계속해서 올라오고 내려갑니다.

　　c. 맨틀의 움직임에서 진동을 측정하는 것은 불가능합니다.

　　d. 지구 핵으로부터 나오는 열기는 판의 위치에 따라 다르게 느껴집니다.

쓰기 유형

B 알맞은 단어를 써 넣어 문장을 완성하세요.

6. 지진의 원인은 지구의 판과 그것의 움직임과 관련이 있습니다.

　　　　　　　　　　[the earth's plates, their motions]

Vocabulary & Grammar

A 알맞은 단어를 골라 빈칸을 채우세요.

1. 지진의 원인은 지구의 판과 그것의 움직임과 관련이 있습니다.

　　　　　　　　　　　　　　　　　　　　[motions]

2. 우리는 지진을 견딜 수 있는 더 안전하고 더 튼튼한 건물이 필요합니다.

　　　　　　　　　　　　　　　　　　　[withstand]

3. 파괴적인 지진은 판 경계선 주변에 있는 나라에서 자주 일어납니다.

　　　　　　　　　　　　　　　　　　[boundaries]

4. 맨틀이 지구 표면으로 강력하게 움직이면, 진동이 지각을 통해 퍼져 나갑니다.

　　　　　　　　　　　　　　　　　　[vibrations]

5. 가장 과학적으로 문서로 기록된 이론은 '판 구조론'입니다.

　　　　　　　　　　　　　　　　　　[documented]

6. 지진이 판 경계선 부근에서 일어나면, 지각에 엄청난 충격이 가해집니다.

　　　　　　　　　　　　　　　　　　[tremendous]

B 알맞은 단어를 골라 문장을 완성하세요.

> 지구 핵으로부터 나오는 열기로 인해 맨틀에 있는 암석 물질은 녹아있습니다. / 전치사: with, from, against, under

▶ **Grammar 요목 부가 설명** p.75

1. 판 구조론은 지진의 원인이 지구의 판과 그것의 움직임과 관련 있다고 설명합니다.　　　　　　　　　　[with]

2. 지각 아래에는 맨틀이 있습니다.　　　　　　　[Under]

3. 지구 핵으로부터 나오는 열기로 인해 맨틀에 있는 암석 물질은 녹아있습니다.　　　　　　　　　　　　[from]

4. 열기가 높아지기 시작하면, 맨틀이 융기하고 지각의 바닥을 밀어 올립니다.　　　　　　　　　　　[against]

5. 우리는 맨틀이 움직이거나 지진이 일어나는 것을 막을 수 없습니다.　　　　　　　　　　　　　[from, from]

Organization & Summary

A 빈칸을 채워 표를 완성하세요.

원인과 결과

- 지구 핵으로부터의 열　　　　　　　　　　　1. core
  → 지각 아래의 암석 물질은 녹아 있습니다.　 2. melted
- 열기가 높아지기 시작합니다.
  → 맨틀이 융기하고 지각 바닥을 밀어 올립니다.　 3. bottom
- 맨틀이 지구 표면으로 강력하게 움직입니다.　 4. toward
  → 단층이라 불리는 지각의 균열이 움직입니다.　 5. motion
- 판의 경계선에서 지진이 발생합니다.
  → 엄청난 충격이 지각을 때리고, 진동은 사방으로 펴져 나갑니다.
　　　　　　　　　　　　　　　　　　6. spread

B 빈칸을 채워 요약문을 완성하세요.

'판 구조론'은 지진의 원인이 지구의 판과 그 판들의 움직임과 관련이 있다고 설명합니다. 맨틀은 지각 아래 용해된 암석입니다. 맨틀이 뜨거워지면 그것이 지각을 밀어냅니다. 일단 맨틀이 지구 표면을 강하게 밀치면, 판이 서로 움직이면서 지각을 통해 진동을 전달합니다. 지진이 판의 경계에서 발생하면, 엄청난 충격이 지각을 때리고 그 진동이 사방으로 퍼져나갑니다.

❶ plates　　　❷ mantle　　　❸ surface
❹ boundaries　❺ vibrations　❻ directions

Everything Is Matter

| 본문 해석 | 모든 것은 물질입니다 p.60

여러분이 만졌던 모든 것은 물질입니다. 연필, 책, 컴퓨터, 심지어 여러분이 숨 쉬는 공기까지 모두 물질입니다. 그렇다면 물질은 무엇일까요? 물질은 원소로 구성되어 있으며, 원소는 원자로 구성되어 있습니다. 원자는 아주 작아서 그것을 보기 위해서 여러분은 특수한 현미경이 필요합니다. 물질은 강하기도 하고 약하기도 합니다. 물질의 강도는 원자가 어떻게 배열되는지에 달려있습니다.

물질은 각기 다른 특성을 가지고 있습니다. 당신은 매일 물질의 특성에 대한 지식을 사용합니다. 집을 짓기 위해 당신은 종이 대신에 금속이나 나무를 사용할 것입니다. 종이는 약하고 금속과 나무는 강하다는 것을 당신은 알고 있습니다.

물질의 특성은 변할 수 있습니다. 변화가 일어날 수 있는 방법은 두 가지가 있습니다. 물질은 물리적으로 혹은 화학적으로 변할 수 있습니다. 물리적 변화는 감각을 통해 볼 수 있습니다. 당신이 종이 위의 그림을 색칠할 때, 당신은 종이에 물리적인 변화를 가하고 있는 것입니다. 물질은 여전히 종이입니다. 단지 그것의 모습이 변한 것입니다.

화학적 변화는 물질의 원자가 변할 때 일어납니다. 화학적 변화가 생기면 새로운 물질이 만들어집니다. 나무가 벽난로에서 탈 때 새로운 물질이 만들어집니다. 나무가 타면서, 당신은 그것이 검은 재로 변하는 것을 볼 수 있습니다. 또한 당신은 공기 중에서 어떤 냄새를 맡을 수 있습니다. 나무가 재와 이산화탄소 가스로 변하면서 화학적 변화를 일으켰습니다.

| Vocabulary 해석 |

- element 원소: ⓝ 모든 것의 가장 기본적인 물질
- microscope 현미경: ⓝ 매우 작은 것들도 더 크게 보이게 하는 과학 도구 • arrange 배열하다: ⓥ 물건이나 사람들의 집단을 특별한 순서나 위치에 놓다 • property 특성: ⓝ 어떤 것의 특정한 성질이나 특징 • knowledge 지식: ⓝ 당신이 경험이나 교육으로부터 얻는 정보, 이해 혹은 기술 • physical 물리적인: ⓐ 만지거나 볼 수 있는 형태로 존재하는 • appearance 외모, 외형: ⓝ 어떤 사람이나 어떤 물건이 보이는 모습
- chemical 화학적인: ⓐ 화학과 관련된

| 사진 해석 |

A diamond is the hardest natural material known.
다이아몬드는 알려진 가장 단단한 천연 소재입니다.
coloring 색칠하기
burning wood and its ash 타는 나무와 재

| Grammar Quiz: 형용사 vs. 부사 |

문장 ①과 ②에서 형용사나 부사를 찾으세요.
① physically, chemically   ② chemical

| 배경지식 확인하기 | p.59

1. 주위를 둘러 보세요. 여러분이 보는 것의 대부분은 물질입니다.
[matter]

2. 책상은 물질입니다. 책상은 고체입니다. 고체는 형태가 있습니다.
[shape]

3. 공 안의 공기는 물질입니다. 그것은 기체입니다. 기체는 형태와 양을 바꿀 수 있습니다. [volume]

| 문제 정답 및 해석 | p.62

Comprehension Checkup

Ⓐ 가장 알맞은 답을 고르세요.

1. 본문은 주로 무엇에 관한 글인가요? [b]
   a. 물질은 무엇으로 구성되는가
   b. 물질의 특성
   c. 물질은 왜 강하거나 약할 수 있는가
   d. 집을 짓기 위해서는 어떤 재료가 필요한가

2. 물질에 관한 어떤 진술이 사실이 아닌가요? [d]
   a. 물질은 강하거나 약할 수 있습니다.
   b. 물질은 원소로 이루어져 있습니다.
   c. 물질은 각기 다른 특성을 가집니다.
   d. 물질은 화학적으로 변할 수 없습니다.

3. 물리적 변화의 예는 무엇인가요? [b]

a. 나는 밀가루로 빵을 구웠습니다.

b. 나는 나무로 책상을 만들었습니다.

c. 나는 벽난로에서 나무를 태웠습니다.

d. 나는 카메라로 사진을 찍었습니다.

4. 화학적 변화의 예는 무엇인가요?   [d]

  a. 나는 공책의 일부를 찢었습니다.

  b. 나는 종이 한장으로 비행기를 접었습니다.

  c. 나는 종이 위의 그림을 색칠했습니다.

  d. 나는 물을 끓이고 증발시켰습니다.

의도 파악 유형

5. 저자가 현미경을 언급한 이유는 무엇인가요?   [a]

  a. 원자가 얼마나 작은지 설명하기 위해

  b. 강한 물질의 예를 들기 위해

  c. 원소와 원자가 다름을 강조하기 위해

  d. 우리가 왜 과학 실험 도구가 필요한지 말하기 위해

쓰기 유형

B 알맞은 단어를 써 넣어 문장을 완성하세요.

6. 물질의 특성은 변할 수 있습니다. 물질은 물리적으로 혹은 화학적으로 변할 수 있습니다.

            [can change physically or chemically]

Vocabulary & Grammar

A 알맞은 단어를 골라 빈칸을 채우세요.

1. 종이 위의 그림을 색칠할 때, 당신은 종이에 물리적인 변화를 가하고 있는 것입니다.   [physical]

2. 물질의 강도는 원자가 어떻게 배열되는지에 달려있습니다.

               [arranged]

3. 나무가 재와 이산화탄소 가스로 변하면서 화학적 변화를 일으켰습니다.   [chemical]

4. 당신은 매일 물질의 특성에 대한 지식을 사용합니다.

            [knowledge]

5. 당신은 아주 작은 원자를 보기 위해서 특수한 현미경이 필요합니다.   [microscope]

6. 물질은 원소로 구성되어 있으며, 원소는 원자로 구성되어 있습니다.   [elements]

B 밑줄 친 단어가 형용사이면 J, 부사이면 D를 쓰세요.

> 그 물질은 여전히 종이입니다. / 부사

▶ **Grammar 요목 부가 설명** p.75

1. 종이는 약하고 금속과 나무는 강하다는 것을 당신은 알고 있습니다.   [J]

2. 물질은 물리적으로 혹은 화학적으로 변할 수 있습니다.   [D]

3. 물리적 변화는 감각을 통해 볼 수 있습니다.   [J]

4. 단지 그것의 모습이 변한 것입니다.   [D]

5. 화학적 변화는 물질의 원자가 변할 때 일어납니다.   [J]

Organization & Summary

A 빈칸을 채워 표를 완성하세요.

핵심 주제와 세부 사항 〈핵심 주제: 물질의 특성〉

세부 사항 1: 물질은 무엇인가

• 원소로 이루어짐 (← 원자로 이루어짐)   1. elements

• 원자가 어떻게 배열되어 있는가 → 물질의 강도   2. strength

세부 사항 2: 물질의 특성은 어떻게 변하는가

1) 물리적 변화

• 감각으로 볼 수 있음   3. senses

• 단지 물질의 외형만 변합니다.   4. appearance

2) 화학적 변화   5. chemical

• 물질의 원자가 변할 때   6. atoms

• 새로운 물질이 형성됩니다.

B 빈칸을 채워 요약문을 완성하세요.

물질은 원소로 이루어져 있고, 원소는 원자로 이루어져 있습니다. 원자는 너무 작아서 그것을 보기 위해서 여러분은 특별한 현미경이 필요합니다. 물질은 각기 다른 특성들을 가지고 있습니다. 우리는 물질의 특성에 관한 지식을 매일 이용합니다. 물질은 물리적으로 변할 수 있습니다. 당신이 종이 위의 그림을 색칠하면 물질은 여전히 종이입니다. 단지 그 모습이 변한 것 뿐입니다. 물질은 화학적으로 변할 수 있습니다. 화학적 변화는 물질에 있는 원자가 변할 때 일어납니다. 나무가 탈 때, 나무는 재와 이산화탄소 가스로 변합니다.

❶ tiny   ❷ microscope   ❸ physically

❹ paper   ❺ chemically   ❻ ash

| 본문 해석 | 그랜드 캐니언   p.70

그랜드 캐니언은 미국의 애리조나주 북서부에 자리잡고 있습니다. 이 바위투성이 풍경의 규모는 숨이 멎을 정도입니다. 그랜드 캐니언은 길이가 450킬로미터 가까이 되고, 깊이는 약 2킬로미터입니다. 그랜드 캐니언의 암벽은 거의 40여 개의 다른 암석층으로 이뤄져 있습니다. 협곡의 각 층은 지구 역사의 각기 다른 시기를 보여줍니다. 가장 낮은 층은 지구 상에 공룡이 살기 훨씬 전부터 존재했습니다.

이 협곡은 다양한 고도에 걸쳐 있어서 많은 서식지를 가지고 있습니다. 수백 종의 동물들이 이 서식지에 살고 있습니다. 강 주변에는 코요테, 스컹크, 청개구리, 방울뱀이 흔합니다. 내부 협곡에는 수천 마리의 박쥐와 캘리포니아 콘도르가 사막 하늘을 배회합니다. 숲속에는 고슴도치, 흑곰, 여우와 엘크를 포함한 50종 이상의 포유류가 발견됩니다.

이 협곡은 또한 몇몇 다른 기후, 다양한 나무와 식물이 있습니다. 정상 근처는 가장 서늘한 지역으로 가문비나무와 미루나무가 있습니다. 좀 더 내려오면 황소나무가 있습니다. 협곡의 바닥은 사막과 같은 곳으로 가장 흔한 식물은 선인장류입니다.

그랜드 캐니언은 또한 중요한 문화적 지역이기도 합니다. 북미 원주민 부족들이 한때 그곳에 살았고, 그들만의 독특한 문화를 만들었습니다. 비록 지금은 북미 원주민인 600명의 하바수파이족만이 남아있지만, 여전히 그들은 외딴 안쪽 협곡에 살고 있습니다. 미국 정부는 하바수파이족과 그들의 문화를 보존하기 위해 이 지역을 특별 지역으로 지정했습니다.

| Vocabulary 해석 |

• scale 규모: ⓝ 무언가의 크기나 정도, 특히 그것이 아주 클 때
• breathtaking 숨이 멎을 듯한: ⓐ 숨이 멎을 정도로 놀라운
• approximately 거의: ⓐⓓ 약, 대략 • layer 층: ⓝ 표면에 깔린 어떤 물질의 한 겹(두께) • elevation 고도: ⓝ 해수면 위의 높이 • roam 배회하다: ⓥ 주로 긴 시간을 정확한 목적 없이 돌아다니다 • remote 외딴: ⓝ 사람들이 사는 도시나 장소에서 떨어진 • designate 지정하다: ⓥ 어떤 사람이나 어떤 것을 특별한 일이나 목적을 위해 정하다

| 사진 해석 |

view from Mohave Point of the Colorado River flowing through the Grand Canyon
그랜드 캐니언을 흐르는 콜로라도강 모하비 포인트에서 본 풍경

| Grammar Quiz: 관계부사 where |

문장 ①과 ②에서 밑줄 친 it이 가리키는 것을 찾으세요.
① Near the top   ② On the floor of the canyon

| 배경지식 확인하기 | p.69

1. 암석에 틈이 생기면, 물이 그 안으로 들어갑니다.   [cracks]
2. 겨울에 물은 얼어서 암석을 밀어낼 수 있습니다.   [push]
3. 틈은 더 커지고 암석은 결국 쪼개집니다.   [breaking]

| 문제 정답 및 해석 | p.72

Comprehension Checkup

A 가장 알맞은 답을 고르세요.

1. 본문은 주로 무엇에 관한 글인가요?   [d]
   a. 그랜드 캐니언의 위치와 역사
   b. 그랜드 캐니언의 날씨와 동물
   c. 그랜드 캐니언이 중요한 문화 지역인 이유
   d. 그랜드 캐니언의 규모와 그곳의 식물과 동물

2. 그랜드 캐니언에는 왜 수백 종의 동물들이 살고 있나요?   [d]
   a. 협곡은 대양 가까이 위치해 있습니다.
   b. 협곡의 암벽은 40여 개의 다른 암석층으로 이뤄져 있습니다.
   c. 협곡은 미국 정부로부터 특별 지역으로 보호받고 있습니다.
   d. 협곡은 다양한 고도에 걸쳐 있는데, 이는 많은 서식지를 의미합니다.

3. 그랜드 캐니언은 왜 중요한 문화적 지역인가요?   [c]
   a. 그랜드 캐니언의 너비는 2킬로미터에서 29킬로미터까지 다양합니다.
   b. 그랜드 캐니언은 흑곰이나 엘크와 같은 멸종 위기 동물들의 서식지입니다.
   c. 북미 원주민 부족들이 한때 그곳에 살았고 독특한 문화를 만들었습니다.

d. 가문비나무와 미루나무, 황소나무가 동시에 그곳에서 자라고 있습니다.

4. 그랜드 캐니언에 관한 어떤 진술이 사실이 아닌가요?　　[a]
　a. 정상 근처에서 가장 흔한 식물은 선인장류입니다.
　b. 그랜드 캐니언은 몇몇 다른 기후와 다양한 식물이 있습니다.
　c. 그랜드 캐니언은 미국 애리조나주 북서쪽에 자리잡고 있습니다.
　d. 그랜드 캐니언은 길이가 450킬로미터 가까이 되고, 깊이는 2킬로미터입니다.

의도 파악 유형

5. 저자가 첫 번째 문단에서 공룡을 언급한 이유는 무엇인가요? [c]
　a. 많은 사람들이 협곡을 방문하는 이유를 말하기 위해
　b. 협곡의 규모가 숨이 멎을 정도임을 강조하기 위해
　c. 협곡이 얼마나 오래 전에 만들어지기 시작했는지 보여주기 위해
　d. 협곡에 살았었던 다양한 동물들의 예를 들기 위해

쓰기 유형

B 알맞은 단어를 써 넣어 문장을 완성하세요.

6. 암벽은 거의 40여 개의 다른 암석층으로 이뤄져 있습니다. 협곡의 각 층은 지구 역사의 각기 다른 시기를 보여줍니다.
　　[forty different rock layers, a different period]

Vocabulary & Grammar

A 알맞은 단어를 골라 빈칸을 채우세요.

1. 그랜드 캐니언의 암벽은 거의 40여 개의 다른 암석층으로 이뤄져 있습니다.　　　　　　　　　　　　　[layers]
2. 내부 협곡에서는 많은 캘리포니아 콘도르가 사막 하늘을 배회하는 것을 볼 수 있습니다.　　　　　　　　[roam]
3. 그랜드 캐니언의 규모는 숨이 멎을 정도입니다.[breathtaking]
4. 북미 원주민들이 여전히 외딴 안쪽 협곡에 살고 있습니다.
　　　　　　　　　　　　　　　　　　　　　[remote]
5. 미국 정부는 북미 원주민들과 그들의 문화를 보존하기 위해 외딴 안쪽 협곡에 특별 지역을 지정했습니다.　[designated]
6. 이 협곡은 다양한 고도에 걸쳐 있어서 많은 서식지가 있습니다.
　　　　　　　　　　　　　　　　　　　　[elevations]

B 알맞은 단어를 골라 문장을 완성하세요.

> 정상 근처는 가장 서늘한 지역으로 가문비나무와 미루나무가 있습니다. / 관계부사 where

▶ **Grammar 요목 부가 설명** p.75

1. 내부 협곡은 사막과 같은 곳으로 수천 마리의 박쥐와 캘리포니아 콘도르가 하늘을 배회합니다. [where it is desertlike]
2. 정상 근처는 가장 서늘한 지역으로 가문비나무와 미루나무가 있습니다.　　　　　　　[where it is the coolest]
3. 협곡의 바닥은 사막과 같은 곳으로 가장 흔한 식물은 선인장입니다.　　　　　　　　[where it is desertlike]
4. 좀 더 내려오면 시원한 곳으로 황소나무가 있습니다.
　　　　　　　　　　　　　　　　　[where it is cool]

Organization & Summary

A 빈칸을 채워 표를 완성하세요.

핵심 주제와 세부 사항 〈핵심 주제: 그랜드 캐니언의 특징〉

세부 사항 1: 지리적 특징
• 길이 450킬로미터, 깊이 2킬로미터　　　　　　1. deep
• 거의 40여개의 각기 다른 층으로 이루어짐　　2. layers

세부 사항 2: 동물과 식물들에게 중요한 지역
• 다양한 고도에 걸쳐 있음 → 많은 서식지　　3. elevations
• 몇몇 다른 기후를 가짐 → 다양한 나무와 다른 식물 4. climates

세부 사항 3: 중요한 문화적 지역
• 북미 원주민 부족들이 여전히 외딴 안쪽 협곡에 살고 있습니다.
　→ 미국 정부로부터 특별 구역으로 지정됨
　　　　　　　　　　　　5. inner　6. designated

B 빈칸을 채워 요약문을 완성하세요.

그랜드 캐니언의 규모는 숨이 멎을 정도입니다. 그랜드 캐니언은 다양한 고도에 걸쳐 있어서 많은 서식지를 가지고 있습니다. 수백 종의 동물들이 이 서식지에 살고 있습니다. 그랜드 캐니언은 또한 다양한 기후대를 가지고 있으며 다양한 식물들이 살고 있습니다. 그랜드 캐니언은 또한 중요한 문화적 지역이기도 합니다. 여전히 북미 원주민인 하바수파이족이 외딴 안쪽 협곡에 살고 있습니다. 미국 정부는 그들의 문화를 보존하기 위해 이 지역을 특별 지역으로 지정했습니다.

❶ scale　　　❷ spans　　　❸ species
❹ cultural　　❺ remote　　❻ preserve

| 본문 해석 | 에펠탑 p.76

에펠탑은 파리의 모든 방향에서 보이기 때문에 파리에서 에펠탑을 보지 않는 것은 불가능합니다. 에펠탑은 1889년 프랑스 혁명 100주년을 기념하기 위한 세계 박람회를 위해 건축되었습니다.

이 거대한 철탑은 300미터 높이로 솟아 있습니다. 19세기에 에펠탑이 완공되었을 때, 세계에서 제일 높은 구조물이었습니다. 고층 건물들과는 다르게 에펠탑은 두 개의 플랫폼을 제외하고는 중간층이 전혀 없는 개방형 구조였습니다. 순수한 철만이 이 건축물의 재료로 쓰였습니다. 이 탑이 파리에 지어지자마자 사람들의 관심의 중심이 되었습니다. 많은 비평가들은 이 탑이 도시의 우아한 성격을 반영하지 못한다고 주장했습니다. (어떤 예술가들은 이 거대한 철탑을 괴물 같다고 묘사했습니다.)

원래 대회 규칙에 따르면 에펠탑은 철거되기 전에 20년 동안만 서 있어야 했습니다. 그러나 에펠탑은 엄청난 크기와 철 구조 때문에 철거가 불가능했습니다. 에펠탑은 라디오 방송을 위해 사용되기 시작했고, 결국 시 공무원들은 에펠탑을 남겨 두기로 하였습니다. 수년간 에펠탑은 수많은 국가 기념식이나 행사의 장소가 되었습니다. 한때 흉물스러운 것으로 여겨지던 것이 세계에서 가장 널리 알려진 상징물 중 하나가 되었습니다.

| Vocabulary 해석 |

• exhibition 박람회, 전시회: ⓝ 사람들이 가서 볼 수 있는 그림, 사진, 다른 것들의 전시 • skyscraper 고층 건물: ⓝ 매우 높은 현대 도시 건물 • intermediate 중간의: ⓐ 두 지점의 사이에 있는 • critic 비평가: ⓝ 무언가에 대한 좋지 않은 의견을 표현하는 사람 • elegant 우아한: ⓐ 외모나 예의가 우아하고 세련된 • competition 대회: ⓝ 사람들이 겨루는 경기 • tear down 해체하다: 분해하다 • opt 택하다: ⓥ 결정하다

| 사진 해석 |

360° panorama from the top of the Eiffel Tower
photo by Armin Hornung 아민 호넝의 사진 '에펠탑의 꼭대기에서 찍은 360도 파노라마'

| Grammar Quiz: 목적어가 필요한 동사 |

문장 ①과 ②에서 동사의 목적어를 찾으세요.
① an open frame
② that it did not reflect the city's elegant character

| 배경지식 확인하기 | p.75

1. 프랑스와 미국은 특별한 과거를 공유합니다. [share]
2. 프랑스 국민들도 영국의 왕으로부터의 자유를 선언했습니다. [liberty]
3. 프랑스는 미국과의 우정을 기억하고 싶어했습니다. [remember]

| 문제 정답 및 해석 | p.78

Comprehension Checkup

Ⓐ 가장 알맞은 답을 고르세요.

1. 본문은 주로 무엇에 관한 글인가요? [c]
   a. 세계 박람회는 무엇인가
   b. 에펠탑이 건설된 이유
   c. 에펠탑은 어떻게 널리 알려진 상징이 되었나
   d. 파리의 우아한 성격을 반영하는 건물과 탑

2. 에펠탑은 왜 지어졌나요? [d]
   a. 관광객들을 파리로 끌어들이기 위해
   b. 라디오 방송에 사용하기 위해
   c. 수많은 국가적 행사들의 장소로 사용하기 위해
   d. 프랑스 혁명 100주년을 기념하기 위해

3. 에펠탑은 고층 건물과 어떻게 다른가요? [a]
   a. 에펠탑은 개방형 구조였습니다.
   b. 에펠탑은 많은 플랫폼이 있었습니다.
   c. 에펠탑은 중간 층이 있었습니다.
   d. 에펠탑은 사방에서 볼 수 있었습니다.

4. 에펠탑에 관한 어떤 진술이 사실이 아닌가요? [b]
   a. 에펠탑은 완전히 순수 철로만 만들어졌습니다.
   b. 에펠탑은 세계에서 가장 높은 구조물입니다.
   c. 많은 비평가들이 에펠탑이 파리에 어울리지 않다고 주장했습니다.

d. 에펠탑은 엄청난 크기와 철 구조로 인해 철거되지 않았습니다.

문장 삽입 유형

5. 다음 문장이 들어갈 위치는 어디인가요? [c]

어떤 예술가들은 이 거대한 철탑을 괴물 같다고 묘사했습니다.

쓰기 유형

B 알맞은 단어를 써 넣어 문장을 완성하세요.

6. 에펠탑은 흉물스러운 것으로 여겨졌지만, 세계에서 가장 널리 알려진 상징물 중 하나가 되었습니다.

[the most recognized symbols]

Vocabulary & Grammar

A 알맞은 단어를 골라 빈칸을 채우세요.

1. 대회 규칙에 따르면, 에펠탑은 20년 동안만 서 있어야 했습니다. [competition]

2. 에펠탑은 중간층이 전혀 없는 개방형 구조였습니다. [intermediate]

3. 많은 비평가들은 이 탑이 도시의 우아한 성격을 반영하지 못한다고 주장했습니다. [critics]

4. 고층 건물들과는 다르게 에펠탑은 순수 철로만 만들어졌습니다. [skyscrapers]

5. 탑은 엄청난 크기 때문에 철거가 불가능했습니다. [tear down]

6. 탑은 라디오 방송을 위해 사용되기 시작했고, 결국 시 공무원들은 에펠탑을 남겨 두기로 하였습니다. [opted]

B 알맞은 단어를 골라 문장을 완성하세요.

많은 비평가들은 이 탑이 도시의 우아한 성격을 반영하지 못한다고 주장했습니다. / 목적어가 필요한 동사

▶ **Grammar 요목 부가 설명** p.75

1. 에펠탑은 1889년 프랑스 혁명 100주년을 기념하기 위해 건축되었습니다. [the 100th year anniversary of the French Revolution]

2. 에펠탑은 두 개의 플랫폼을 제외하고는 중간층이 전혀 없는 개방형 구조였습니다. [an open frame]

3. 많은 비평가들은 이 탑이 도시의 우아한 성격을 반영하지 못한다고 주장했습니다.

[that it did not reflect the city's elegant character]

4. 에펠탑은 도시의 우아한 성격을 반영하지 못했습니다.

[the city's elegant character]

5. 에펠탑은 라디오 방송을 위해 사용되기 시작했습니다.

[to be used for radio broadcasting]

Organization & Summary

A 빈칸을 채워 표를 완성하세요.

핵심 주제와 세부 사항 〈핵심 주제: 에펠탑〉

세부 사항 1: 특징
- 높이 300미터
- 거대한 철탑   1. iron
- 두 개의 플랫폼을 제외하고는 중간 층이 없는 개방된 구조

                                       2. platforms

세부 사항 2: 비판
- 에펠탑은 도시의 우아한 특징을 반영하지 못했습니다.

                                      3. elegant
- 몇몇 예술가들은 그것이 괴물 같다고 묘사했습니다.

                                 4. monstrous

세부 사항 3: 보존
- 에펠탑의 엄청난 크기와 철 구조 때문에 철거가 불가능했습니다.

                 5. immense   6. composition
- 라디오 방송에 사용됨
- 많은 국가적인 행사의 장소

B 빈칸을 채워 요약문을 완성하세요.

에펠탑은 1889년 프랑스 혁명 100주년을 기념하기 위한 세계 박람회를 위해 건설되었습니다. 에펠탑은 두 개의 플랫폼을 제외하고는 중간층이 없는 개방형 구조를 가졌습니다. 많은 비평가들은 에펠탑이 도시의 우아한 특성을 반영하지 못했다고 주장했습니다. 몇몇 예술가들은 이 철탑을 괴물 같다고 묘사했습니다. 에펠탑이 라디오 방송을 위해 사용되기 시작하면서 시 공무원들은 에펠탑을 남겨 두기로 했습니다. 에펠탑은 세계에서 가장 잘 알려진 상징물 중 하나가 되었습니다.

❶ celebrate   ❷ intermediate   ❸ reflect
❹ broadcasting   ❺ opted   ❻ symbols

| 본문 해석 | 전화기 발명 | p.82

1876년 3월 10일이었습니다. 장소는 보스턴에 있는 작은 실험실이었습니다. 한 청년이 "왓슨 군, 이리 오게. 자네가 필요해."라고 기구가 말하는 걸 들었습니다. 그 청년은 다른 방으로 급히 갔고, 그 방에는 그의 고용주 알렉산더 그레이엄 벨이 그의 발명품 앞에 앉아 있었습니다. 이것이 전화기를 통해 언급된 첫 말이었습니다.

전화기가 발명되기 전, 사람들은 먼 거리에 메시지를 전달하기 위해서 전신을 이용하였습니다. 전신이란 문자를 나타내는 딸각거리는 소리를 사용하여 전선을 통해 메시지를 보내는 체계입니다. 벨은 만일 전선이 전보의 딸각거림을 전달할 수 있다면, 전선이 사람의 말도 전달할 수 있으리라 생각했습니다.

벨은 그의 조수 왓슨과 함께 실험을 시작했습니다. 어느 날 왓슨은 손가락으로 벨의 전화기 안에 있는 가느다란 쇠 줄을 퉁겼습니다. 다른 방에서 벨은 그의 발명품이 진동하면서 소리를 내는 것을 들었습니다. 소리가 전선을 통해 온 것입니다. 벨은 전기가 전선을 통해 목소리를 보낼 수 있다고 확신했습니다. 그 후 벨과 왓슨은 전기를 이용하여 음성을 보낼 수 있는 기계를 만들기 시작하였습니다. 그것이 전화기였습니다.

1877년 말, '벨 전화 회사'가 설립되었고 많은 전화기가 사용되었습니다. 벨 자신은 전화기 사업에 참여하지 않았습니다. 대신에 그는 많은 실험을 계속하였습니다. 벨은 1922년 8월 2일에 세상을 떠났습니다. 그는 매우 존경받아서 그의 장례식 동안 북미에서는 그를 추모하는 뜻으로 전화기가 울리지 않았습니다.

| Vocabulary 해석 |

• laboratory 실험실: ⓝ 과학자가 실험하거나 물질들을 준비하는 특별한 방 • instrument 기구: ⓝ 특별한 목적을 위해 사용되는 도구나 장치 • employer 고용주: ⓝ 사람들을 고용하는 사람, 회사, 또는 기관 • stand for ~을 나타내다: ~의 상징이 되다 • take part in 참여하다: 관여하다 • conduct (특정 활동을) 하다: ⓥ 준비하고 수행하다 • admire 존경하다: ⓥ 존경하다 • funeral 장례식: ⓝ 죽은 사람을 묻는 의식

| 사진 해석 |

Early Telephones 초기 전화기

| Grammar Quiz: 과거분사 |

문장 ①과 ②에서 과거분사를 찾으세요.

① spoken   ② formed

| 배경지식 확인하기 | p.81

1. 만들거지거나 창조된 새로운 것들을 발명이라고 부릅니다.
                                                    [created]
2. 작가는 등장 인물을 발명하고 그들에 관한 이야기를 쓸 수 있습니다.   [characters]
3. 발명은 우리의 삶을 더 수월하게 만들었습니다.   [easier]

| 문제 정답 및 해석 | p.84

Comprehension Checkup

Ⓐ 가장 알맞은 답을 고르세요.

1. 본문은 주로 무엇에 관한 글인가요?   [c]
   a. 전화기는 어떻게 작동하는가
   b. 사람들은 어떻게 전화기를 사용하는가
   c. 벨은 어떻게 전화기를 발명했는가
   d. 전신과 전화기의 차이점

2. 전화기가 발명되기 전에 사람들은 어떻게 메시지를 전달했나요?   [d]
   a. 전자 메일을 통해
   b. 가느다란 쇠 줄을 통해
   c. 전선을 통해 말함으로써
   d. 문자를 나타내는 딸각거리는 소리를 사용하여 전선을 통해

3. 전화기에 관한 어떤 진술이 사실이 아닌가요?   [b]
   a. 왓슨 군은 벨이 전화기를 발명하는 것을 도왔습니다.
   b. 벨은 전화기를 발명하기 전에 전신을 발명했습니다.
   c. 전화기는 목소리를 전달하기 위해 전기를 사용하는 기계입니다.
   d. 벨 전화 회사는 1877년 말에 설립되었습니다.

4. 벨의 장례식 동안 북미의 전화기에서는 무슨 일이 일어났나요?

   a. 도난 당했습니다.   [d]

   b. 벨이 울리기 시작했습니다.

   c. 찾을 수가 없었습니다.

   d. 벨을 추모하는 의미로 울리지 않았습니다.

추론 유형

5. 본문을 통해 유추할 수 있는 것은 무엇인가요?   [b]

   a. 왓슨은 벨과 의견 충돌이 있었습니다.

   b. 벨은 사업가보다는 연구자에 더 가까웠습니다.

   c. 벨은 전화기 말고는 다른 눈에 띄는 발명이 없었습니다.

   d. 전신은 전화기의 발명 이래로 사라졌습니다.

쓰기 유형

B 알맞은 단어를 써 넣어 문장을 완성하세요.

6. 벨과 왓슨은 전기를 이용하여 음성을 보낼 수 있는 기구를 만들기 시작했습니다. 그것이 전화기였습니다.

[used electricity to send voices]

Vocabulary & Grammar

A 알맞은 단어를 골라 빈칸을 채우세요.

1. 알렉산더 그레이엄 벨은 왓슨의 고용주였습니다.

[employer]

2. 알렉산더 그레이엄 벨은 모두에게 존경받았습니다.

[admired]

3. 벨은 '벨 전화 회사'를 설립했지만 회사에 참여하지는 않았습니다.

[take part in]

4. 벨은 전기를 이용하여 음성을 보낼 수 있는 기구를 만들기 시작하였습니다.

[instrument]

5. 벨의 장례식 동안 북미에서는 그를 추모하는 뜻으로 전화기가 울리지 않았습니다.

[funeral]

6. 전화기는 보스턴에 있는 작은 실험실에서 발명되었습니다.

[laboratory]

B 알맞은 단어를 골라 문장을 완성하세요.

이것이 전화기를 통해 언급된 첫 말이었습니다. / 과거분사

▶ **Grammar** 요목 부가 설명 p.76

1. 전화기가 발명되기 전, 사람들은 전신을 이용하였습니다.

[invented]

2. 전화기에서 목소리를 전달하기 위해 전기가 사용됩니다.

[used]

3. '벨 전화 회사'가 설립되었고 많은 전화기가 사용되었습니다.

[formed]

4. 벨은 매우 존경받아서 그의 장례식 동안 북미에서는 그를 추모하는 뜻으로 전화기가 울리지 않았습니다. [admired]

5. 이것이 전화기를 통해 언급된 첫 말이었습니다. [spoken]

Organization & Summary

A 빈칸을 채워 표를 완성하세요.

열거하기 〈전화기의 역사〉

1876년 이전 전신: 문자를 나타내는 딸각거리는 소리를 사용하여 전선을 통해 메시지를 보내는 것   1. wires 2. stand for

1876년 전화기: 벨과 왓슨이 발명했습니다. 목소리를 보내기 위해 전기를 사용했습니다.   3. voices

1877년 말까지 '벨 전화 회사'가 설립되었습니다. 많은 전화기가 사용되었습니다.   4. in use

1922년 8월 2일 벨이 죽었습니다. 그의 장례식 동안 북미에서는 그를 추모하는 뜻으로 전화기가 울리지 않았습니다.

5. funeral 6. honor

B 빈칸을 채워 요약문을 완성하세요.

1876년 이전까지 사람들은 메시지를 멀리 보내기 위해 전신을 사용했습니다. 벨과 왓슨은 목소리를 전달하기 위해 전기를 이용한 전화기를 만들기 시작하였습니다. "왓슨 군, 이리 오게. 자네가 필요해." 이것이 1876년 3월 10일 전화기를 통해 언급된 첫 말이었습니다. 1877년 말, '벨 전화기 회사'가 설립되었고 많은 전화기가 사용되었습니다. 1922년 8월 2일에 벨은 세상을 떠났습니다. 그는 크게 존경받아서 그의 장례식 동안 북미에서는 그를 추모하는 뜻으로 전화기가 울리지 않았습니다.

❶ distances   ❷ electricity   ❸ spoken

❹ died   ❺ admired   ❻ silent

UNIT 12 Henry Ford: An Icon of the Modern Automobile

| 본문 해석 | 헨리 포드: 근대 자동차의 아이콘   p. 88

사람들은 '포드'라는 이름을 들으면 미국의 자동차를 떠올립니다. 헨리 포드는 근대 자동차 산업의 개척자였기에 이는 전혀 놀랄 일이 아닙니다.

포드는 농사 짓는 집안에서 태어났습니다. 그러나 그는 농사보다는 농기계에 더 관심을 가졌습니다. 결혼 후, 헨리는 더 좋은 자동차를 만들기 위해 일하기 시작했습니다. 그 당시, 초기 단계의 몇몇 자동차들이 이미 만들어졌고 유럽과 미국에서 사용되고 있었습니다. 포드는 자동차가 더 저렴한 교통수단으로 말, 마차, 철도를 대신하게 될 것이라는 식견이 있었습니다.

1903년에 헨리 포드가 그의 첫 번째 믿을만한 차인 '모델 A'를 생산한 후에, 그는 자동차의 성능을 개선하기 위해 끊임없이 연구했습니다. 그 후, 1908년 포드는 '모델 T'를 설계했습니다. 모델 T는 대중의 관심을 끌기 위해 특별하게 설계되었습니다. 모델 T는 가볍고 빠르며 그 당시 다른 어떤 자동차보다 훨씬 더 튼튼했습니다. 모델 T는 기존의 생산 체계에 영향을 미쳤습니다. 모델 T는 포드가 생산할 수 있는 것보다 더 빠르게 팔렸습니다. 자연스럽게 포드는 제조공정 속도를 높이는 방법을 찾았습니다. 포드는 이동 벨트를 따라 자동차가 움직이면 각각의 노동자가 하나의 단순 작업을 하는 효율적인 조립 공정을 개발하였습니다.

헨리 포드가 자동차를 발명한 것은 아니었습니다. 그러나 그는 많은 미국의 중산층들도 살 수 있는 자동차를 개발했습니다. 동시에 그는 효율적인 대량 생산 체제의 기초를 세운 기업가였습니다.

| Vocabulary 해석 |

• pioneer 개척자: ⓝ 새로운 아이디어나 방법 등을 만들어내거나 발전시키는 것을 돕는 사람 • machinery 기계(류): ⓝ 특정한 종류의 기계나 일반적인 기계 • vision 식견: ⓝ 상상으로 만들어진 생각이나 개념 • transportation 교통수단: ⓝ 사람이 이동하거나 물건을 옮길 수 있는 모든 종류의 운송 수단 • reliable 믿을 수 있는: ⓐ 질이나 수행능력이 지속적으로 좋은 상태인, 믿을 수 있는 • appeal 관심을 끌다: ⓥ 매력적이거나 흥미롭다 • manufacture 제조하다: ⓥ 공장에서 주로 대량으로 무언가를 만들다 • industrialist 기업가: ⓝ 산업체를 소유하거나 경영하는 사람

| Grammar Quiz: 현재분사 |

문장 ①과 ②에서 현재분사를 찾으세요.
① surprising   ② existing

| 배경지식 확인하기 | p. 87

1. 교통수단은 사람이나 물건을 한 지역에서 다른 지역으로 옮깁니다.   [moves]
2. 교통수단의 속도와 다양성은 과거에 그랬던 것보다 훨씬 더 중요합니다.   [speed]
3. 비행기는 형태와 크기에서 더 다양합니다.   [varied]

| 문제 정답 및 해석 | p. 90

Comprehension Checkup

Ⓐ 가장 알맞은 답을 고르세요.

1. 본문은 주로 무엇에 관한 글인가요?   [b]
   a. 헨리 포드는 어디서 길러졌나
   b. 헨리 포드가 어떻게 자동차를 발전시켰나
   c. 헨리 포드가 어떻게 자동차를 발명했나

   d. 모델 T는 모델 A와 어떻게 다른가

2. 헨리 포드는 어떠한 식견을 갖고 있었나요? (정답 두 개를 고르세요.)   [b, d]
   a. 그는 모델 A를 모델 T로 대체하려고 했습니다.
   b. 자동차는 더 저렴한 교통수단이 될 것입니다.
   c. 말과 철도는 더 이상 교통수단으로 사용되지 않을 것입니다.
   d. 자동차는 말과 철도 같은 오래된 교통수단을 대체할 것입니다.

3. 모델 A와 모델 T에 관한 어떤 진술이 사실이 아닌가요?   [b]
   a. 모델 A는 헨리 포드의 첫 번째 믿을만한 자동차였습니다.
   b. 모델 A는 대중의 관심을 끌기 위해 설계되었습니다.
   c. 모델 T는 포드가 생산할 수 있는 것보다 훨씬 빨리 팔렸습니다.
   d. 모델 T는 당시의 다른 어떤 차보다도 가볍고, 빠르고, 훨씬 튼튼했습니다.

4. 다섯 번째 문단의 '효율적인 대량 생산 체제의 기초'란 무엇인가요? [a]

   a. 조립 공정

   b. 근대 자동차 산업

   c. 하나의 단순한 작업을 하는 노동자

   d. 자동차 기능의 향상

추론 유형

5. 본문에서 유추할 수 있는 것은 무엇인가요? [c]

   a. 최초의 자동차는 유럽에서 발명되었습니다.

   b. 모델 A는 모델 T 보다 훨씬 비쌌습니다.

   c. 모델 A 전까지는 자동차는 아직 인기가 있지 않았습니다.

   d. 헨리 포드의 부모님은 그가 가족 사업을 물려받기를 원했습니다.

쓰기 유형

B 알맞은 단어를 써 넣어 문장을 완성하세요.

6. 헨리 포드는 많은 미국의 중산층들도 살 수 있는 자동차를 개발했을 뿐만 아니라 효율적인 대량 생산 체제의 기초를 세웠습니다.

[many middle-class Americans could afford]

Vocabulary & Grammar

A 알맞은 단어를 골라 빈칸을 채우세요.

1. 포드는 자동차가 더 저렴한 교통수단이 될 것이라고 믿었습니다. [transportation]

2. 헨리 포드는 근대 자동차 산업의 개척자였습니다. [pioneer]

3. 포드는 대중의 관심을 끌기 위해 모델 T를 설계했습니다. [appeal]

4. 포드는 자동차가 말, 마차, 철도를 대신할 것이라는 식견을 갖고 있었습니다. [vision]

5. 헨리 포드는 농사보다는 농기계에 더 관심을 가졌습니다. [machinery]

6. 모델 T는 포드가 생산할 수 있는 것보다 더 빠르게 팔렸습니다. [manufacture]

B 알맞은 단어를 골라 문장을 완성하세요.

> 모델 T는 기존의 생산 체계에 영향을 미쳤습니다. / 현재분사

▶ Grammar 요목 부가 설명 p.76

1. 헨리 포드는 근대 자동차 산업의 개척자였기에 이는 전혀 놀랄 일이 아닙니다. [surprising]

2. 포드는 농사 짓는 집안에서 태어났습니다. [farming]

3. 결혼 후, 헨리는 더 좋은 자동차를 만들기 위해 일하기 시작했습니다. [working]

4. 초기 단계의 몇몇 자동차들이 유럽과 미국에서 사용되고 있었습니다. [being]

5. 그는 이동 벨트를 따라 자동차가 움직이면 각각의 노동자가 하나의 단순 작업을 하는 효율적인 조립 공정을 개발하였습니다. [moving]

Organization & Summary

A 문장을 순서대로 배열하세요.

순서

헨리 포드는 농사 짓는 집안에서 태어났습니다. → 포드는 더 좋은 자동차를 만들기 위해 일하기 시작했습니다. → 포드는 1903년에 그의 첫 번째 믿을만한 차인 '모델 A'를 만들었습니다. → 포드는 자동차의 기능을 향상시키기 위해 끊임없이 일했습니다. → 1908년에 포드는 '모델 T'를 설계했습니다. → 그것은 포드가 생산할 수 있는 것보다 더 빨리 팔렸습니다. 그래서 그는 제작 공정의 속도를 높일 수 있는 방법을 찾았습니다. → 포드는 효율적인 조립 공정을 개발했습니다.

[1, 5, 3, 4, 7, 6, 2]

B 빈칸을 채워 요약문을 완성하세요.

헨리 포드는 근대 자동차의 개척자였습니다. 헨리는 더 좋은 자동차를 만들기 위해 일하기 시작했습니다. 1903년에 포드는 그의 첫 번째 믿을만한 차인 '모델 A'를 생산했습니다. 1908년 포드는 '모델 T'를 설계했습니다. 그것은 가볍고 빠르며 그 당시 다른 어떤 자동차보다 훨씬 더 튼튼했습니다. 포드는 제조 공정에 속도를 높이는 방법을 찾았습니다. 그는 이동 벨트를 따라 자동차가 움직이면 각각의 노동자가 하나의 단순 작업을 하는 효율적인 조립공정을 개발하였습니다. 헨리 포드는 미국의 많은 중산층이 살 수 있는 자동차를 개발하였습니다.

❶ automobile   ❷ produced   ❸ stronger

❹ process   ❺ simple   ❻ afford

UNIT 13 Pompeii Comes Alive

| 본문 해석 | 폼페이가 되살아났습니다   p.96

서기 79년 8월 24일, 북적거리는 번영한 도시는 한번에 완전히 파괴되었습니다. 이탈리아 남서부 해안에 있는 폼페이는 공포스런 24시간 동안 완전히 묻혔습니다.

폼페이 북쪽 8킬로미터쯤에 위치해 있던 베수비오 화산이 갑자기 폭발했습니다. 검은 구름, 뜨거운 숯덩이, 화산재, 독가스가 꼭대기에서 마구 쏟아져 나왔습니다. 이 무서운 폭발이 폼페이를 3미터에서 6미터 깊이의 숯덩이와 화산재 아래로 묻어버렸습니다. 도시에 살고 있던 2만 명의 주민 중에서 최소 2천 명이 사망했습니다. 화산재 층이 가구와 다른 소유물이 있는 사람들의 집을 봉인했습니다. 그것들은 2000년 가까이 묻혀 있었습니다.

1709년 베수비오 화산 근처 시골 지역에서 우물을 파던 한 농부가 대리석 조각들을 발견했습니다. 그것이 폼페이 발굴의 시작이었습니다. 보물 사냥꾼들이 몰려들어 정신없이 이 지역을 100년 넘게 파헤쳤습니다. 1864년 이탈리아의 고고학자들이 이 폐허를 보존하기 위한 발굴의 책임을 지기 시작했습니다.

발굴의 결과물은 놀라웠습니다. 잘 보존된 관공서 건물, 포도주 가게, 식당들이 발견되었습니다. 그림과 모자이크로 장식된 벽과 바닥들 또한 되살아났습니다. 폭발이 있던 날 아침 구워진 81개 빵덩어리가 빵집에서 발견되었습니다. 놀랍게도 그것들은 화산재 속에 묻힌 후 보존되어 있던 것입니다. 고고학자들은 여전히 폼페이에서 발굴을 계속하고 있습니다. 내일 무엇이 되살아날지 아무도 예측할 수 없습니다.

| Vocabulary 해석 |

• prosperous 번영한: ⓐ 부유하고 성공적인 • cinder 재: ⓝ 탄 나무나 석탄 등의 매우 작은 조각 • inhabitant 주민: ⓝ 특정 지역에 살고 있는 사람이나 동물 • seal 봉인하다: ⓥ 꽉 묶거나 안전하게 닫다 • belongings 소유물: ⓝ 당신이 소유하는 어떤 것 • excavation 발굴: ⓝ 발굴하는(구멍을 파는) 행동 • archaeologist 고고학자: ⓝ 유적지 발굴을 통해 인간의 역사와 선사시대를 연구하는 사람 • take charge of ~의 책임을 지다: 통제를 하거나 책임을 지다

| 사진 해석 |

the Eruption of Vesuvius as Seen from Naples, October, 1822 by George Julius Poulett Scrope
조지 줄리어스 풀렛 스크로프의 '1822년 10월, 나폴리에서 본 베수비오 화산 폭발'

| Grammar Quiz: '관계대명사+be동사' 생략 |

문장 ①과 ②에서 주어와 동사를 찾으세요.
① a farmer, discovered
② The walls and floors, came

| 배경지식 확인하기 | p.95

1. 중국의 만리장성은 지어진 성 중에서 가장 긴 것입니다. [built]
2. 기원전 3세기에 시황제는 권력을 잡았습니다.   [seized]
3. 그것은 몇 세기에 걸쳐 여러 왕조에 걸쳐 지어졌습니다.
                 [centuries]

| 문제 정답 및 해석 | p.98

Comprehension Checkup

A 가장 알맞은 답을 고르세요.

1. 본문은 주로 무엇에 관한 글인가요?   [c]
   a. 고고학자들은 무엇을 하나
   b. 폼페이는 어떻게 묻혔나
   c. 폼페이의 파괴와 재발견
   d. 베수비오의 폭발로 인한 심각한 피해

2. 폼페이는 어떻게 한번에 파괴되었나요?   [c]
   a. 거대한 파도가 도시를 덮쳤습니다.
   b. 무서운 지진이 폼페이를 파괴했습니다.
   c. 숯덩이와 화산재가 폼페이를 봉인했습니다.
   d. 독가스가 폼페이의 모든 주민들을 죽였습니다.

3. 폼페이 발굴의 시작은 무엇이었나요?   [d]
   a. 보물 사냥꾼들이 보물을 파헤쳤습니다.
   b. 이탈리아 고고학자들이 발굴의 책임을 졌습니다.
   c. 이탈리아 정부가 폼페이의 폐허를 보존하기 시작했습니다.

d. 한 농부가 우물을 파다가 대리석 조각을 발견했습니다.

4. 폼페이에 관한 어떤 진술이 사실이 아닌가요?
  a. 폼페이는 여전히 발굴되고 있습니다.   [d]
  b. 폼페이는 한때 번영한 도시였습니다.
  c. 폼페이는 2천년 가까이 묻혀 있었습니다.
  d. 폼페이는 어떠한 손실도 없이 보존되었습니다.

의도 파악 유형

5. 저자가 네 번째 단락에서 빵 81개를 언급한 이유는 무엇인가요?   [d]
  a. 무엇이 발견될 것일지 예측하기 위해
  b. 고고학자들의 노력을 칭찬하기 위해
  c. 폼페이 사람들의 식습관을 설명하기 위해
  d. 폼페이의 흔적이 잘 보존되어 있었음을 강조하기 위해

쓰기 유형

B 알맞은 단어를 써 넣어 문장을 완성하세요.

6. 폼페이는 2천년 가까이 묻혀 있었음에도 불구하고, 발굴의 결과물은 놀라웠습니다. [the outcome of the excavations]

Vocabulary & Grammar

A 알맞은 단어를 골라 빈칸을 채우세요.

1. 도시 주민 2만 명 중 최소 2천 명이 죽었습니다.
      [inhabitants]
2. 검은 구름, 뜨거운 숯덩이, 화산재, 독가스가 화산에서 나왔습니다. [cinders]
3. 폼페이는 북적거리는 번영한 도시였습니다. [prosperous]
4. 사람들의 집과 다른 소유물은 화산재 아래에 묻혔습니다.
      [belongings]
5. 폼페이 발굴은 놀라운 결과를 낳았습니다. [excavations]
6. 1864년 이탈리아의 고고학자들이 이 폐허를 보존하기 위한 발굴을 책임지기 시작하였습니다. [take charge of]

B 생략될 수 있는 부분에 밑줄을 그으세요.

그림과 모자이크로 장식된 벽과 바닥들 또한 되살아났습니다.
/ '관계대명사+be동사' 생략

▶ **Grammar 요목 부가 설명** p.76

1. 땅 속에 묻혀있던 도시는 되살아났습니다. [which was]
2. 폼페이 북쪽 8킬로미터쯤에 위치해 있던 화산이 갑자기 폭발했습니다. [which was]
3. 베수비오 화산 근처 시골 지역에서 우물을 파던 한 농부가 대리석 조각들을 발견하였습니다. [who was]
4. 그림과 모자이크로 장식된 벽과 바닥들 또한 되살아났습니다.
      [which were]
5. 폭발이 있던 날 아침 구워진 81개 빵 덩어리가 빵집에서 발견되었습니다. [that were]

Organization & Summary

A 빈칸을 채워 표를 완성하세요.

열거하기 〈폼페이의 재발견〉

서기 79년: 폼페이는 공포스러운 베수비오 폭발로 인해 완전히 묻혔습니다. 1. terrifying
1709년: 한 농부가 베수비오 근처에서 대리석 조각을 발견했습니다. 2. marble
1864년: 이탈리아 고고학자들은 폐허를 보존하기 위한 발굴의 책임을 지기 시작했습니다. 3. ruins

발굴의 결과
- 잘 보존된 공공 건물, 와인 상점, 식당 4. well-preserved
- 그림과 모자이크로 장식된 벽과 바닥 5. decorated
- 폭발 당일 아침에 구워진 빵 덩어리 6. baked

B 빈칸을 채워 요약문을 완성하세요.

폼페이는 거의 2천년 동안 묻혀있었습니다. 서기 79년 8월 24일, 베수비오 화산이 갑자기 폭발하여 폼페이가 완전히 묻혔습니다. 1709년 한 농부가 베수비오 근처에서 대리석 조각들을 발견했습니다. 그것이 폼페이 발굴의 시작이었습니다. 1864년 이탈리아의 고고학자들이 폐허를 보존하기 위한 발굴의 책임을 지기 시작하였습니다. 잘 보존된 건물들과 바닥들이 발견되었습니다. 고고학자들은 여전히 폼페이에서 작업을 계속하고 있습니다.

❶ buried   ❷ erupted   ❸ excavation
❹ archaeologists   ❺ preserve   ❻ continue

UNIT 14 A Great Earthquake Hits San Francisco

| 본문 해석 | 대지진이 샌프란시스코를 강타했습니다. p.102

1906년 4월 18일 수요일, 끔찍한 초기 미동이 샌프란시스코를 강타했습니다. 첫 번째 대대적인 파괴는 오전 5시에 발생했습니다. 지진은 거의 50초 동안 땅을 비틀고 요동치게 했습니다. 그러나 세 시간 후 정말 엄청난 참사가 왔습니다. 두 번째 거대한 지진이 도시를 강타했을 때, 도시 전체가 흔들렸습니다. 굴뚝이 무너지고 벽이 함몰되고 거리를 덮었던 아스팔트가 휘어져 쌓였습니다. 그리고 나서야 마침내 지진이 끝났습니다.

그러나 최악의 사태는 아직 오지 않았습니다. 그 당시 대부분의 사람들은 목재로 된 집에서 살았기 때문에 한번 가스관이 파괴되자 막을 수 없는 화재가 시작되었습니다. 삼일 낮과 밤 동안 계속된 화재는 도시 전체를 불태웠습니다. 불행히도 대부분의 수도관 역시 지진동안 파괴되었습니다. 더욱 심각한 건 도시의 소방서장이 낙하하는 잔해의 첫 번째 희생자였다는 점입니다. 물 없이 그리고 지도력 없이 이 놀라운 도시는 나흘 만에 화재를 진압할 수 있었습니다.

샌프란시스코 지진은 사진으로 그 피해가 기록된 최초의 거대한 자연재해였습니다. 그러나 이 지진의 중요성은 단순히 지진의 규모가 아닌, 지진으로부터 파생된 풍부한 과학적 지식에서 비롯됩니다. 재앙과도 같던 이 지진은 지진에 관한 과학적 연구를 촉진시켰습니다. 마침내, 1906년에 일어났던 이 지진에 대한 분석은 결국 '탄성 반발설(elastic-rebound theory)'이라는 이론의 탄생을 이끌어냈는데, 이 이론은 지진이 일어나는 원인을 설명하는 데 도움을 주고, 오늘날 지진의 주기의 주요 모형으로 남아 있습니다.

| Vocabulary 해석 |

• **foreshock** 초기 미동: ⓝ 지진의 격렬한 흔들림이 있기 전의 가벼운 떨림 • **devastation** 대대적인 파괴: ⓝ 심각하고 광범위한 파괴나 피해 • **buckle** 비틀다: ⓥ 무게나 힘으로 구부리다 • **victim** 희생자: ⓝ 범죄나 사고의 결과로 다치거나 부상을 입거나 죽임을 당한 사람 • **debris** 잔해: ⓝ 부러지거나 파괴된 것의 나머지들 • **derive** 파생하다, 유래하다: ⓥ 원천이나 기원에서부터 끌어내거나 끌어내어지다 • **catastrophic** 처참한: ⓐ 급작스러운 큰 피해나 고통을 유발하거나 관련된 • **analysis** 분석: ⓝ 무엇인가를 더 잘 이해하기 위해서 그것을 꼼꼼히 검토하는 것

| 사진 해석 |

the Burning of San Francisco in 1906 photo by Harry Sterling Hooper 해리 스털링 후퍼의 사진 '1906년 샌프란시스코 화재'

the fallen statue of geologist Louis Agassiz, the campus of Stanford University 스탠퍼드 대학 캠퍼스에 있는 지질학자 루이스 애거시즈의 쓰러진 동상

| Grammar Quiz: 관계대명사 |

문장 ①과 ②에서 관계대명사를 찾으세요.

① that ② whose

| 배경지식 확인하기 | p.101

1. 활화산은 화산이 곧 폭발할지도 모른다는 신호를 보여줍니다.

[active]

2. 용암과 가스가 나올 수도 있습니다. [Lava]

3. 화산 근처에는 지진이 있을 수도 있습니다. [near]

| 문제 정답 및 해석 | p.104

Comprehension Checkup

Ⓐ 가장 알맞은 답을 고르세요.

1. 본문은 주로 무엇에 관한 글인가요? [b]
  a. 지도력의 중요성
  b. 샌프란시스코 지진의 영향
  c. 초기 미동과 지진의 차이점
  d. 샌프란시스코 주민들이 어떻게 화재를 진압했는가

2. 지진이 일어났을 때 샌프란시스코에는 무슨 일이 일어났나요?
  a. 가스 배관이 망가졌습니다. [a]
  b. 도시가 물에 잠겼습니다.
  c. 집들이 약간 흔들렸습니다.
  d. 아스팔트가 거리를 덮었습니다.

3. 화재를 진압하기까지 왜 나흘이나 걸렸나요? (정답 두 개를 고르세요.) [a, d]

a. 수도관이 망가졌습니다.

b. 여전히 작은 지진들이 있었습니다.

c. 굴뚝이 넘어지고 벽이 무너졌습니다.

d. 도시의 소방서장이 낙하하는 잔해에 의해 죽었습니다.

4. 사람들은 샌프란시스코 지진 연구를 통해 무엇을 배웠나요?
(정답 두 개를 고르세요.)　　　　　　　　　　　[b, c]

a. 사진작가의 공공의 역할

b. 지진이 일어나는 이유

c. 지진 주기의 주요 모형

d. 지진의 과학적 연구의 필요성

추론 유형

5. 세 번째 단락에서 유추할 수 있는 것은 무엇인가요?　　[c]

a. 카메라는 1900년대 초기에 널리 사용되기 시작했습니다.

b. 목재로 만든 집은 1906년 지진 이후에 피해졌습니다.

c. 일반적으로 적용되는 지진이 일어나기 전 과정과 단계가 있습니다.

d. 샌프란시스코는 1906년 지진 이전에 지진을 전혀 겪지 않았습니다.

쓰기 유형

B 알맞은 단어를 써 넣어 문장을 완성하세요.

6. 이 지진의 중요성은 지진으로부터 파생된 풍부한 과학적 지식에서 비롯됩니다.　[the wealth of scientific knowledge]

Vocabulary & Grammar

A 알맞은 단어를 골라 빈칸을 채우세요.

1. 거리를 덮었던 아스팔트가 휘어져 쌓였습니다.　[buckled]

2. 도시의 소방서장이 낙하하는 지진의 잔해로 인해 죽었습니다.

　　　　　　　　　　　　　　　　　　　　　[debris]

3. 이 지진에 대한 분석은 과학자들이 '탄성 반발설'이라는 이론을 만들도록 이끌었습니다.　[analysis]

4. 샌프란시스코 지진 동안 끔찍한 초기 미동이 50초간 지속되었습니다.　[foreshock]

5. 풍부한 과학적 지식은 샌프란시스코 지진으로부터 파생되었습니다.　[derived]

6. 이 처참한 지진은 지진의 과학적 연구를 촉진시켰습니다.

　　　　　　　　　　　　　　　　　　　　[catastrophic]

B 알맞은 단어를 골라 문장을 완성하세요.

> 거리를 덮었던 아스팔트가 휘어져 쌓였습니다. / 관계대명사

▶ **Grammar 요목 부가 설명 p.76**

1. 도시 전체를 뒤흔든 지진이 마침내 끝났습니다.　　[which]

2. 거리를 덮었던 아스팔트가 휘어져 쌓였습니다.　　[that]

3. 그것은 사진으로 그 피해가 기록된 최초의 거대한 자연재해였습니다.　[whose]

4. 이 지진의 중요성은 단순히 지진의 규모가 아닌, 지진으로부터 파생된 풍부한 과학적 지식에서 비롯됩니다.　[which]

5. 1906년에 일어났던 이 지진에 대한 분석은 결국 '지각 반발설'이라는 이론의 탄생을 이끌어냈는데, 이 이론은 지진이 일어나는 원인을 설명하는 데 도움을 줍니다.　[which]

Organization & Summary

A 빈칸을 채워 표를 완성하세요.

핵심 주제와 세부 사항 〈핵심 주제: 샌프란시스코 지진〉

세부 사항 1: 피해

- 전체 도시가 흔들렸습니다.　　　　　　1. rocked
- 막을 수 없는 화재가 시작되었습니다.　2. unstoppable
- 물과 지도력 없이　　　　　　　　　　3. leadership

세부 사항 2: 영향

- 피해가 사진으로 기록된 최초의 자연재해

　　　　　　　　　　4. disaster　5. photography

- 풍부한 과학적 지식이 이 지진으로부터 파생됨 → 탄성 반발설

　　　　　　　　　　　　　　　　　　6. knowledge

B 빈칸을 채워 요약문을 완성하세요.

1906년, 끔찍한 두 지진이 샌프란시스코를 강타했습니다. 그 당시 대부분의 사람들이 목재로 만든 집에 살고 있었기 때문에 화재가 전 도시를 태워버렸습니다. 주요 수도관들도 파괴되었습니다. 더욱 나쁜 것은 도시의 소방서장이 낙하하는 잔해의 첫 번째 희생자였습니다. 도시는 나흘 만에 화재를 진압할 수 있었습니다. 지진에 대한 분석이 '탄성 반발설'이라는 이론의 탄생을 이끌어냈는데, 이 이론은 지진이 일어나는 원인을 설명하는 데 도움을 줍니다.

❶ hit　　　　❷ wooden　　❸ victim

❹ control　　❺ analysis　　❻ occur

UNIT 15 Endangered Animals

| 본문 해석 | 멸종 위기의 동물　　　　　　　　p.108

멸종된 동물들과 멸종 위기에 처한 동물들이 있습니다. 멸종된 동물들은 더는 존재하지 않지만, 멸종 위기에 처한 동물들은 아직 살아있습니다. 그러나 멸종 위기에 처한 동물들도 많이 남아있지 않기 때문에 곧 멸종될 수 있습니다.

캘리포니아 콘도르는 독수리처럼 보이는 커다란 새입니다. 캘리포니아 콘도르는 멸종 위기에 처해 있습니다. 사람들이 집을 짓고 많은 나무를 잘라내기 시작하자, 콘도르는 둥지를 짓는 데 충분한 나무를 구할 수 없었습니다. 화약 또한 콘도르에게 위협이 되었습니다. 콘도르는 사냥꾼들이 죽인 동물들을 먹었습니다. 그러나 그 동물에 남은 화약이 콘도르를 병들게 했습니다.

해달 또한 멸종 위기에 처한 동물입니다. 오래 전에, 사람들은 털을 얻고자 해달을 사냥했습니다. 그러나 해달들이 태어나는 것보다 더 빨리 죽임을 당했습니다. 1911년에 몇몇 나라들이 더는 해달을 사냥하지 않겠다는 조약에 서명하였습니다.

또 다른 멸종 위기에 처한 동물은 호랑이입니다. 사람들은 호랑이를 스포츠 삼아 또는 호랑이의 털과 신체 부위를 얻기 위해 사냥합니다. 관련 단체에서는 호랑이 사냥을 불법화하기 위해 노력하고 있지만, 사냥은 계속되고 있습니다.

과학자들은 멸종 위기에 처한 동물들을 구하기 위해 조치를 취해왔습니다. 때때로 과학자들은 동물들을 안전한 장소로 데려가기 위해 덫으로 잡습니다. 동물들은 보호받고 먹을 것을 제공받습니다. 동물들이 충분히 튼튼해지면, 그들은 야생으로 돌려보내집니다. 이 동물들을 보호하기 위해서는 전 세계 사람들의 많은 노력과 협력이 필요합니다.

| Vocabulary 해석 |

• endangered 멸종 위기의: ⓐ 심각하게 멸종 위기에 처한
• gunpowder 화약: ⓝ 불꽃놀이를 만들거나 폭발을 일으키기 위해 사용되는 폭발성이 있는 물질　• threat 위협: ⓝ 위험할 수 있다고 여겨지는 어떤 사람이나 어떤 것　• treaty 조약: ⓝ 둘 이상의 국가나 정부 사이의 공식적인 동의　• organization 단체: ⓝ 특정한 목표를 위해 설립된 회사, 기업, 동호회 등
• illegal 불법의: ⓐ 법으로 허락되지 않는　• take action 조치를 취하다: 문제를 처리하다　• cooperation 협력: ⓝ 공통의 목표를 달성하기 위해 함께 일하는 과정

| Grammar Quiz: 관계대명사 that |

문장 ①과 ②에서 that절이 설명하는 것을 찾으세요.
① a large bird　　② animals

| 배경지식 확인하기 | p.107

1. 동물이 사는 장소는 서식지입니다.　　　　　　[habitat]
2. 풀밭은 대부분 풀이 있는 지역입니다.　　　　　[grassland]
3. 숲은 많은 나무가 있는 지역입니다.　　　　　　[forest]

| 문제 정답 및 해석 | p.110

Comprehension Checkup

A 가장 알맞은 답을 고르세요.

1. 본문은 주로 무엇에 관한 글인가요?　　　　　　[d]
   a. 어떤 동물들이 멸종되는 이유
   b. 사냥이 생태계에 어떤 영향을 미치는가
   c. 멸종 위기의 동물을 보호하기 위한 단체들
   d. 멸종 위기의 동물과 그것들을 보호하는 방법

2. 화약은 캘리포니아 콘도르에게 왜 위협이 될 수 있나요?　[b]
   a. 사냥꾼들이 콘도르를 사냥할 때 화약을 사용합니다.
   b. 죽은 동물들 몸 속에 있는 화약이 콘도르를 아프게 만듭니다.
   c. 화약은 콘도르가 둥지를 트는 나무들을 죽입니다.
   d. 과학자들은 동물들을 안전한 장소로 데려가기 위해 화약을 사용하여 잡습니다.

3. 사람들은 해달을 왜 사냥했나요?　　　　　　　[c]
   a. 스포츠 삼아　　　　　　b. 그들의 둥지 때문에
   c. 그들의 털 때문에　　　　d. 그들의 뼈 때문에

4. 사람들은 어떻게 멸종 위기의 동물을 보호하나요? (정답 두 개를 고르세요.)　　　　　　　　　　　　　[b, d]
   a. 동물을 위한 먹이를 사냥함으로써
   b. 동물 사냥을 불법으로 지정함으로써
   c. 동물의 털과 신체 부위를 판매함으로써

d. 동물들을 안전한 곳으로 데려가기 위해 덫으로 잡음으로써

추론 유형

5. 본문을 통해 유추할 수 있는 것은 무엇인가요?　　　　[d]

　a. 동물을 보호하기 위한 조약은 실제 효력은 없습니다.

　b. 캘리포니아 콘도르는 먹이사슬의 최상위에 있습니다.

　c. 야생에서 동물이 생존하기 위해 인간들로부터 보호받기가 어렵습니다.

　d. 동물 멸종의 가장 큰 요인은 인간의 이기심입니다.

쓰기 유형

B 알맞은 단어를 써 넣어 문장을 완성하세요.

6. 동물들을 보호하기 위해서는 전 세계적으로 많은 노력과 협력이 필요합니다.　[work and cooperation, protect endangered animals]

Vocabulary & Grammar

A 알맞은 단어를 골라 빈칸을 채우세요.

1. 화약은 캘리포니아 콘도르에게 위협이 될 수 있습니다. [threat]

2. 해달이 멸종 위기에 처해진 후에 몇몇 나라들이 더는 해달을 사냥하지 않겠다는 조약에 서명하였습니다.　　　[treaty]

3. 동물들에게 남아 있던 화약은 콘도르를 아프게 만들었습니다.
　　　　　　　　　　　　　　　　　　[gunpowder]

4. 멸종 위기에 처한 동물은 여전히 살아 있지만, 많이 남아 있지는 않습니다.　　　　　　　　　[Endangered]

5. 호랑이를 사냥하는 것은 불법이지만, 사람들은 여전히 호랑이를 사냥하고 있습니다.　　　　　　　[illegal]

6. 사람들은 멸종 위기의 동물을 구하기 위해 조치를 취할 필요가 있습니다.　　　　　　　　　　[take action]

B 밑줄 친 부분이 that절의 주어이면 S를, that절의 목적어이면 O를 쓰세요.

멸종된 동물들이 있습니다. / 관계대명사 that

▶ **Grammar** 요목 부가 설명 p.76

1. 멸종 위기에 처한 동물들이 있습니다.　　　　[S]

2. 캘리포니아 콘도르는 독수리처럼 보이는 큰 새입니다. [S]

3. 콘도르는 어떤 사냥꾼들이 죽인 동물을 먹었습니다. [O]

4. 그 동물들에 남아 있던 화약은 콘도르를 아프게 만들었습니다.
　　　　　　　　　　　　　　　　　　[S]

5. 오래 전에 사람들이 털을 얻고자 사냥했던 해달 또한 멸종 위기에 처한 동물입니다.　　　　　　[O]

Organization & Summary

A 빈칸을 채워 표를 완성하세요.

핵심 주제와 세부 사항　〈핵심 주제: 멸종 위기의 동물〉

세부 사항 1: 예

1) 캘리포니아 콘도르

● 사람들이 나무를 자르는 것

　→ 둥지를 위한 나무가 충분하지 않음　　　**1. nests**

● 동물들 속에 남아 있는 화약　　　　　**2. gunpowder**

　→ 콘도르를 아프게 만듦

2) 해달은 털 때문에 사냥을 당했습니다.

3) 호랑이는 스포츠를 위해, 털과 신체 부위 때문에 사냥을 당했습니다.　　　　　　　　　　**3. sport**

세부 사항 2: 보호하는 방법

● 동물을 사냥하지 않겠다는 조약에 서명하기　**4. treaties**

● 사냥을 불법으로 규정하기　　　　　　**5. illegal**

● 동물을 안전한 곳으로 데려가기 위해 덫으로 잡기

● 동물이 충분히 강해지면, 야생으로 돌려보내집니다.　**6. wild**

B 빈칸을 채워 요약문을 완성하세요.

멸종 위기에 처한 동물들은 많이 남아있지 않기 때문에 곧 멸종될 수 있습니다. 사람들이 나무를 베어내고 화약을 사용하기 시작하면서, 캘리포니아 콘도르가 멸종 위기에 처했습니다. 사람들은 털을 얻기 위해 해달을 사냥했습니다. 그들은 스포츠를 위해 혹은 털과 신체 부위를 얻기 위해 호랑이도 사냥했습니다. 과학자들은 멸종 위기에 처한 동물들을 구하기 위해 노력합니다. 과학자들은 안전한 장소로 동물들을 데려갑니다. 동물들이 충분히 튼튼해지면, 그들은 야생으로 돌려보내집니다.

❶ extinct　　❷ endangered　　❸ fur

❹ save　　　❺ safe　　　　　❻ enough

| 본문 해석 | 국기의 별들 p.114

각기 다른 나라의 국기에 있는 별들이 많은 이야기를 하는 것을 알고 있나요? 이 별들은 믿음, 희망, 각 나라 국민들의 꿈에 대해 말합니다.

때때로 국기에 있는 별들은 특정한 별자리를 나타냅니다. 남반구에 있는 많은 나라의 국기에는 남십자성이라고 알려진 별자리를 이루는 별들이 있습니다. 호주, 뉴질랜드, 파푸아뉴기니는 국기에 이 별들이 있는 세 나라입니다.

어떤 별들은 각 나라의 영토를 상징합니다. 미국 국기는 오늘날 미국에 있는 주의 숫자를 나타내는 50개의 별이 있습니다. 브라질 국기에도 26개 주와 1개의 연방자치구를 나타내는 27개의 별이 있습니다. 온두라스 국기에 있는 5개의 별은 이전의 중앙 아메리카 연방공화국을 이뤘던 5개 국가를 나타냅니다.

국기에 있는 별들은 이상을 나타내기도 합니다. 중국의 국기에는 5개의 별이 있습니다. 한 개의 큰 별은 중앙의 공산주의 정부를 나타내며 4개의 작은 별들은 인민들을 나타냅니다. 베트남의 국기에도 노란색 별이 하나 있습니다. 이 별은 국가를 건설했던 모든 사람들의 통합을 상징합니다.

별은 또한 많은 문화들에서 종교가 하는 중요한 역할을 보여주는 상징이기도 합니다. 이슬람교가 중요한 종교인 말레이시아와 터키를 포함한 여러 국가의 국기에는 별과 초승달이 발견될 수 있습니다. 여러분 나라의 국기 혹은 이웃 나라의 국기에 별이 있나요? 만일 있다면, 국기에 숨겨진 이야기들을 배워보세요.

| Vocabulary 해석 |

• belief 믿음: ⓝ 무엇인가가 분명히 진실이거나 분명히 존재한다는 느낌 • constellation 별자리: ⓝ 특정한 모양을 만들고 이름이 있는 별들의 무리 • hemisphere 반구: ⓝ 지구의 반쪽, 특히 적도의 위나 아래의 반쪽 중 하나 • territory 영토: ⓝ 하나의 정부에 속해 있거나 통제되는 땅의 범위 • federal 연방제의: ⓐ 권력이 중앙 정부와 개별 주 사이에 공유되는 형태의 정부와 관련된 • district 구역: ⓝ 나라, 도시, 마을의 지역이나 구획 • former 이전의: ⓐ 현재가 아닌 이전에 일어나거나 존재한 • unity 통합: ⓝ 하나로 묶이는 특성

| Grammar Quiz: 관계절에서 주어와 동사 수일치 |

문장 ①과 ②에서 관계절에서의 동사를 찾으세요.

① represent ② is

| 배경지식 확인하기 | p.113

1. 선들이 함께 모이면, 형태를 만듭니다. [join]
2. 각기 다른 형태는 때때로 당신이 다른 것을 느끼고 생각하게 할 수 있습니다. [different]
3. 원은 굴러가기에, 당신이 바퀴, 구슬, 공을 생각하게 할 수 있습니다. [balls]

| 문제 정답 및 해석 | p.116

Comprehension Checkup

A 가장 알맞은 답을 고르세요.

1. 본문은 주로 무엇에 관한 글인가요? [c]
   a. 어느 국기가 가장 큰 별을 갖고 있는가
   b. 국기의 다양한 상징들
   c. 국기의 별이 무엇을 나타낼 수 있는가

   d. 어떤 국기에는 왜 별이 없는가

2. 호주 국기의 별들은 무엇을 나타내나요? [d]
   a. 호주의 영토   b. 종교의 중요한 역할
   c. 연방자치구   d. 남십자성으로 알려진 별자리

3. 중국 국기의 큰 별은 무엇을 나타내나요? [b]
   a. 인민들
   b. 중앙의 공산주의 정부
   c. 영토 내 주의 개수
   d. 나라를 건설한 모든 사람들의 통합

4. 국기에 관한 어떤 진술이 사실이 아닌가요? [d]
   a. 파푸아뉴기니는 국기에 남십자성이 있습니다.
   b. 터키 국기의 별과 초승달은 이슬람교를 나타냅니다.
   c. 미국 국기의 50개 별은 미국 내 주의 개수를 의미합니다.
   d. 온두라스 국기의 5개 별은 5개의 중요한 종교를 나타냅니다.

추론 유형

5. 본문에서 유추할 수 있는 것은 무엇인가요? [c]

   a. 어떤 나라들은 국기에 별을 사용하는 것을 피합니다.

   b. 국기에는 다른 어떤 형태보다 별이 더 많이 사용됩니다.

   c. 국기는 그 나라의 정체성을 특정한 상징을 통해 보여줍니다.

   d. 공산주의 국가들은 특히 국기에 별을 사용하는 것을 좋아합니다.

쓰기 유형

B 알맞은 단어를 써 넣어 문장을 완성하세요.

6. 국기의 별들은 믿음, 희망, 각 나라 국민들의 꿈에 대해 말합니다. [the beliefs, hopes, and dreams]

Vocabulary & Grammar

A 알맞은 단어를 골라 빈칸을 채우세요.

1. 남반구에 있는 많은 나라의 국기에는 남십자성이 있습니다. [Hemisphere]

2. 국기의 어떤 별들은 국민들의 종교적인 믿음을 나타냅니다. [beliefs]

3. 브라질 국기의 27개의 별은 26개 주와 1개의 연방자치구를 나타냅니다. [federal]

4. 어떤 별들은 각 국가의 영토를 상징합니다. [territory]

5. 온두라스 국기에 있는 5개의 별은 이전의 중앙 아메리카 연방 공화국을 이뤘던 5개 국가를 나타냅니다. [former]

6. 호주 국기에는 남십자성으로 알려진 별자리가 있습니다. [constellation]

B 알맞은 단어를 골라 문장을 완성하세요.

> 베트남의 국기에도 노란색 별이 하나 있습니다.
> / 관계절에서 주어와 동사 수일치

▶ **Grammar 요목 부가 설명** p.76

1. 미국 국기는 오늘날 미국에 있는 주의 숫자를 나타내는 50개의 별이 있습니다. [represent]

2. 브라질 국기에도 26개 주와 1개의 연방자치구를 나타내는 27개의 별이 있습니다. [represent]

3. 베트남의 국기에도 노란색 별이 하나 있습니다. [is]

4. 이 별은 국가를 건설했던 모든 사람들의 통합을 상징합니다. [built]

5. 별은 또한 많은 문화들에서 종교가 하는 중요한 역할을 보여주는 상징이기도 합니다. [shows]

Organization & Summary

A 빈칸을 채워 표를 완성하세요.

분류하기 〈국기의 별이 나타내는 것〉

특정한 별자리
국가: 호주, 뉴질랜드
특정한 의미: 남십자성으로 알려진 별자리 1. constellation

국가의 영토 2. Territory
국가: 1) 미국, 브라질 2) 온두라스
특정한 의미: 1) 주의 개수 3. states
2) 국가의 개수

이상
국가: 1) 중국 2) 베트남
특정한 의미: 1) 큰 별 1개 → 중앙의 공산주의 정부 4. communist
2) 큰 노란색 별 1개 → 통합 5. unity

종교
국가: 말레이시아, 터키
특정한 의미: 별과 초승달 → 이슬람교 6. Islam

B 빈칸을 채워 요약문을 완성하세요.

국기에 있는 어떤 별들은 특정한 별자리, 영토, 이상, 종교를 나타냅니다. 호주, 뉴질랜드, 파푸아뉴기니는 국기에 남십자성을 이루는 별이 있습니다. 미국, 브라질, 온두라스의 국기에는 주나 국가를 나타내는 별들이 있습니다. 중국 국기의 별들은 중앙의 공산주의 정부와 인민들을 나타냅니다. 베트남 국기의 노란 별은 나라를 세운 사람들을 나타냅니다. 말레이시아와 터키의 국기의 별과 초등달은 이슬람교를 나타냅니다.

❶ stars ❷ ideas ❸ represent
❹ government ❺ Vietnamese ❻ moon

UNIT 17 The Hunter and the Crocodiles

| 본문 해석 | 사냥꾼과 악어   p.124

온종일 아무것도 먹지 못했던 악어들이 있었습니다. 현기증이 나는 그들은 그저 나무 밑에 앉아 있었습니다. 갑자기 악어들은 사냥꾼이 오는 것을 보았습니다. 악어들은 그에게 자기들을 강으로 데려다 달라고 애원하였습니다.

"너희 악어들은 강에서 사람들을 무는 것으로 아주 유명하지. 나는 그 기회를 잡지 않을 거야." 사냥꾼이 말했습니다.

악어들은 사냥꾼에게 절대로 해를 끼치지 않겠다고 눈물을 흘리며 맹세했습니다. 그러자 사냥꾼은 그들을 강에 데려가는 데 동의했습니다. 그는 악어들을 그의 끈으로 묶어서 머리에 이었습니다. 그리고 그는 강을 향해 갔습니다. 강가에 이르러 사냥꾼은 악어들을 강에 풀어주었습니다. 그러나 악어 중 하나가 턱 사이로 사냥꾼의 손을 물며 웃었습니다.

"내가 너를 보내줄 만큼 어리석을 것 같으냐?"라고 악어가 말했습니다.

사냥꾼은 악어들에게 약속을 상기시키며 옳고 그름을 따졌습니다. 사냥꾼은 그들 주변에 있는 토끼에게 악어가 자기를 잡아먹어야 할지 말지에 관해 물어보았습니다.

"악어가 너를 먹든 말든 나는 신경 안 써," 영리한 토끼가 말했습니다. "그런데 넌 어떻게 이렇게 크고 무거운 악어들을 옮겨 왔지? (난 이게 가능할 거라고 믿지 않아.)"

그래서 사냥꾼과 악어들은 토끼에게 어떻게 그들이 강으로 왔었는지 보여주기로 했습니다. 그들은 강으로 갈 때와 똑같은 길을 따라 그들이 만났던 장소로 돌아갔습니다.

그들이 그 장소에 도착하자 토끼가 말했습니다. "이제 너는 집으로 돌아갈 수 있어."

그리고 악어들은 또 다른 사냥꾼이 지나가기를 기다려야만 했습니다.

| Vocabulary 해석 |

• faint 현기증이 나는: ⓐ 갑자기 잠깐 의식을 잃게 되는
• weep 눈물을 흘리다: ⓥ 울다 • swear 맹세하다: ⓥ 무언가를 하겠다거나 하지 않겠다고 매우 강하게 진심으로 약속하다
• hoist 들어 올리다: ⓥ 무언가를 올리다 • riverside 강가: ⓝ 강변을 따라 있는 땅 • remind 상기시키다: ⓥ (누군가에게) 무언가를 기억하도록 만들다 • promise 약속: ⓝ 꼭 무언가를 하겠다 또는 하지 않겠다고 하는 말 • pass by 옆을 지나가다: 지나쳐 이동하다

| Grammar Quiz: 과거완료 |

문장 ①과 ②에서 과거 특정 시점에 완료된 행동을 나타내는 동사를 찾으세요.

① had not eaten   ② had come

| 배경지식 확인하기 | p.123

1. 옛날에 빨리 달릴 수 있다고 항상 자랑하는 토끼 한 마리가 있었습니다.   [boasting]
2. 거북은 느리고 꾸준한 속도로 움직였습니다.   [pace]
3. 토끼는 거북이가 지나갈 때 여전히 잠들어 있었습니다.
                                              [asleep]

| 문제 정답 및 해석 | p.126

Comprehension Checkup

A 가장 알맞은 답을 고르세요.

1. 본문은 주로 무엇에 관한 글인가요?   [d]
   a. 악어들은 어떻게 먹이를 사냥하는가
   b. 영리한 토끼는 왜 사냥꾼을 도와주는가
   c. 당신은 왜 다른 사람들을 쉽게 믿으면 안 되는가
   d. 사냥꾼은 정직하지 못한 악어들에게서 어떻게 도망쳤는가

2. 악어들은 사냥꾼에게 무엇을 부탁했나요?   [a]
   a. 그들을 강으로 옮겨 달라고
   b. 그들을 위해 토끼를 잡아 달라고
   c. 그들과 함께 강에 들어가 달라고
   d. 사냥꾼의 밧줄로 그들을 함께 묶어달라고

3. 악어들은 사냥꾼에게 무엇을 약속했나요?   [b]
   a. 악어들은 눈물을 흘리지 않을 것입니다.
   b. 악어들은 사냥꾼을 해치지 않을 것입니다.
   c. 악어들은 옳고 그름을 따지지 않을 것입니다.
   d. 악어들은 다른 사냥꾼이 지나가는 것을 기다리지 않을 것입니다.

4. 토끼는 어떻게 사냥꾼을 구해주었나요? [d]

  a. 안전한 장소를 가리킴으로써

  b. 악어들에게 새 사냥꾼을 소개시켜줌으로써

  c. 사냥꾼에게 무거운 악어들을 옮기는 방법을 보여줌으로써

  d. 사냥꾼과 악어들이 만났던 곳으로 돌아가게 함으로써

문장 삽입 유형

5. 다음 문장이 들어갈 위치는 어디인가요? [c]

> 난 이게 가능할 거라고 믿지 않아.

쓰기 유형

B 알맞은 단어를 써 넣어 문장을 완성하세요.

6. 악어들에게 속았던 사냥꾼은 영리한 토끼 덕분에 안전하게 되었습니다. [thanks to the clever rabbit]

Vocabulary & Grammar

A 알맞은 단어를 골라 빈칸을 채우세요.

1. 강가에서 사냥꾼은 악어들을 풀어주었습니다. [riverside]

2. 악어들은 아주 배가 고팠기 때문에 현기증이 났습니다. [faint]

3. 사냥꾼은 그의 밧줄로 악어들을 한데 묶고 머리에 이었습니다. [hoisted]

4. 악어들은 눈물을 흘리면서 사냥꾼을 해치지 않겠다고 약속했습니다. [wept]

5. 악어들은 약속을 깨고 사냥꾼을 해하려고 했습니다. [promise]

6. 악어들은 다른 사냥꾼이 지나가기를 기다려야만 했습니다. [pass by]

B 알맞은 단어를 골라 문장을 완성하세요.

> 온종일 아무것도 먹지 못했던 악어들이 있었습니다. / 과거완료

▶ **Grammar 요목 부가 설명** p.76

1. 사냥꾼과 악어들은 토끼에게 어떻게 그들이 강으로 왔었는지 보여주기로 동의했습니다. [had come]

2. 그들은 그들이 만났던 장소로 갔습니다. [had met]

3. 그들은 강으로 갈 때와 똑같은 길을 따라갔습니다. [had used]

4. 사냥꾼은 악어들에게 그들이 했었던 약속을 상기시켰습니다. [had made]

5. 온종일 아무것도 먹지 못했던 악어들이 있었습니다. [had not eaten]

Organization & Summary

A 빈칸을 채워 표를 완성하세요.

구성 〈사냥꾼과 악어들〉

도입: 나무 밑에 배고픈 악어들이 있었습니다.   **1. hungry**

문제: 그들은 사냥꾼에게 그들을 강에 옮겨 달라고 간청했습니다.   **2. begged**

사냥꾼은 처음에는 그들을 도와주는 것이 위험하다고 생각했지만, 그렇게 하기로 동의했습니다.   **3. dangerous 4. agreed**

강가에서 악어들은 사냥꾼을 보내주지 않았습니다.

해결: 영리한 토끼는 사냥꾼이 어떻게 그렇게 크고 무거운 악어들을 옮겼었는지 의아해 했습니다.   **5. clever**

그들은 토끼에게 그들이 어떻게 강으로 왔었는지 보여주었습니다.   **6. showed**

그들이 나무로 돌아가자, 토끼는 사냥꾼에게 집으로 돌아가라고 말했습니다.

결말: 악어들은 다른 사냥꾼이 지나가기를 기다려야만 했습니다.

B 빈칸을 채워 요약문을 완성하세요.

나무 밑에 배고픈 악어들이 있었습니다. 그들은 사냥꾼에게 강으로 데려가 달라고 부탁했습니다. 사냥꾼은 그들을 그의 끈으로 묶어 머리에 이었습니다. 강가에서 악어들은 사냥꾼을 보내주지 않았습니다. 영리한 토끼는 어떻게 그렇게 크고 무거운 악어들을 사냥꾼이 옮겼는지 의아해 했습니다. 그래서 그들은 어떻게 그들이 강으로 왔는지를 보여주었습니다. 그들이 나무로 돌아가자, 토끼가 사냥꾼에게 집으로 돌아가라고 했습니다. 악어들은 또 다른 사냥꾼이 지나가기를 기다려야만 했습니다.

❶ carry   ❷ tied   ❸ let

❹ heavy   ❺ go back   ❻ wait

UNIT 18 How Springtime Comes

| 본문 해석 | **봄은 어떻게 오는가**   p.130

먼 옛날에는 겨울과 여름 두 계절만 있었습니다. 어느 겨울날 블루 콘 메이든(푸른 옥수수 처녀)이 청옥수수를 요리하기 위해 장작을 모으러 나갔습니다. 그녀는 사람들을 위해 옥수수 수프를 만드는 것을 좋아했습니다. 윈터 맨(겨울의 정령)은 그녀를 보고 첫눈에 사랑에 빠졌습니다. 윈터 맨은 세상에 겨울을 가져다 주는 정령이었습니다.

윈터 맨은 블루 콘 메이든을 그의 성으로 초대했습니다. 그녀가 성에 도착하자 그는 창문을 잠그고 그녀를 자기와 함께 지내게 했습니다. 그녀는 자신의 집으로 돌아가 청옥수수 수프를 만들고 싶었기에 슬펐습니다.

그러던 어느 날, 윈터 맨이 찬 바람을 세상에 불어야 하는 그의 임무를 다하기 위해 나갔습니다. 블루 콘 메이든은 집 밖으로 나갔습니다. 모든 식물들이 얼음과 눈 속에 있는 걸 본 그녀는 윈터 맨의 성에 불을 지피기 시작했습니다.

(윈터 맨의 성에서 피어 오른 불은 여름의 신호였습니다.) 곧 썸머 맨(여름의 정령)이 잠깐 들렀고 블루 콘 메이든을 보았습니다. 그는 그녀와 사랑에 빠질 수 밖에 없었습니다. 그는 그녀에게 이제 여름이니 자기의 성으로 함께 가자고 초대했습니다.

그러자 윈터 맨이 아직 겨울이라고 주장하며 한바탕 차가운 바람을 일으켰습니다. 썸머 맨은 그렇지 않다고 답하며 따뜻한 바람을 불어댔습니다. 두 정령의 다툼으로 인해 식물이 반복해서 얼었다 녹았다 하자 모든 사람들은 두려움에 떨었습니다.

결국, 그들은 블루 콘 메이든이 1년의 반인 여름에는 썸머 맨과, 나머지 반에는 윈터 맨과 함께 사는 것에 동의했습니다. 매년 그녀가 썸머 맨에게 가는 도중에 그녀는 봄이 되었습니다.

| Vocabulary 해석 |

• firewood 장작: ⓝ 연료로써 태워지는 나무 • spirit 정령: ⓝ 초자연적인 존재 • duty 임무: ⓝ 직업의 한 부분으로서 행해지는 무언가 • insist 주장하다: ⓥ 무엇인가가 사실이라고 굳건히 자주 이야기하다 • breeze 미풍: ⓝ 순한 바람 • tremble 떨다: ⓥ 추위나 두려움 때문에 자신도 모르는 사이에 (몸을) 흔든다 • thaw 해동시키다: ⓥ (무언가가) 얼어붙는 것을 멈추도록 하다 • argue 다투다: ⓥ 주로 화난 상태로 다른 사람과 말로써 서로 부딪히다

| Grammar Quiz: 동명사 vs. 현재분사 |

문장 ①과 ②에서 밑줄 친 부분이 동명사인지 현재분사인지 동그라미하세요.

① 동명사   ② 현재분사

| 배경지식 확인하기 | p.129

1. 옛날에 하늘의 신 Di Jun과 그의 아내와 열 개의 태양이 살았습니다.   [ago]

2. 태양들은 함께 밖에 나가지 않았는데, 그들의 열기가 견디기에 너무 강했기 때문입니다.   [heat]

3. 열 개의 태양들은 함께 밖에 나가서 하늘을 산책하기로 동의했습니다.   [agreed]

| 문제 정답 및 해석 | p.132

Comprehension Checkup

A 가장 알맞은 답을 고르세요.

1. 본문은 주로 무엇에 관한 글인가요?   [c]

    a. 왜 두 계절만 있었나

    b. 블루 콘 메이든이 좋아했던 일

    c. 사람들이 어떻게 봄을 가질 수 있었을까

    d. 윈터 맨과 썸머 맨은 왜 다투었나

2. 블루 콘 메이든은 왜 장작을 모으러 밖으로 나갔나요?   [d]

    a. 썸머 맨을 부르기 위해

    b. 윈터 맨에게서 도망치기 위해

    c. 그녀 스스로 봄이 되기 위해

    d. 사람들을 위해 청옥수수 수프를 끓이기 위해

3. 썸머 맨은 어떻게 오게 되었나요?   [d]

    a. 사람들이 길고 추운 겨울을 두려워 했습니다.

    b. 윈터 맨의 성은 불에 타서 사라졌습니다.

    c. 블루 콘 메이든이 그를 윈터 맨의 성으로 초대했습니다.

d. 블루 콘 메이든이 윈터 맨의 성에서 불을 지폈습니다.

4. 윈터 맨과 썸머 맨이 다툴 때 어떤 일이 일어났나요?　　[d]

　　a. 블루 콘 메이든이 두려움에 떨었습니다.

　　b. 블루 콘 메이든이 다시 수프를 끓이기 시작했습니다.

　　c. 사람들은 한바탕 차가운 바람에 날려갔습니다.

　　d. 식물이 반복해서 얼었다 녹았습니다.

문장 삽입 유형

5. 다음 문장이 들어갈 위치는 어디인가요?　　[a]

> 윈터 맨의 성에서 피어 오른 불은 여름의 신호였습니다.

쓰기 유형

B 알맞은 단어를 써 넣어 문장을 완성하세요.

6. 블루 콘 메이든이 1년의 반인 여름에는 썸머 맨과, 나머지 반은 윈터 맨과 함께 살게 되었습니다. 매년 그녀가 썸머 맨에게 가는 도중에 그녀는 봄이 되었습니다.

　　　　　[half of the year, became springtime]

Vocabulary & Grammar

A 알맞은 단어를 골라 빈칸을 채우세요.

1. 윈터 맨이 아직 겨울이라고 주장하며 한바탕 차가운 바람을 일으켰습니다.　　[insisting]

2. 윈터 맨과 썸머 맨이 다투는 동안 식물이 반복해서 얼었다 녹았다 했습니다.　　[argued]

3. 썸머 맨은 여름이라고 말하며 따뜻한 바람을 불었습니다.

　　　　　[breeze]

4. 블루 콘 메이든은 청옥수수를 요리하기 위해 장작이 필요했습니다.　　[firewood]

5. 강한 두 남자가 싸우고 있었기 때문에 사람들은 두려움에 떨었습니다.　　[trembled]

6. 썸머 맨은 세상에 여름을 가져오는 정령이었습니다.　[spirit]

B 밑줄 친 부분이 동명사이면 G를, 현재분사이면 P를 쓰세요.

> 모든 식물들이 얼음과 눈 속에 있는 걸 본 그녀는 윈터 맨의 성에 불을 지피기 시작합니다. / 동명사 vs. 현재분사

▶ **Grammar** 요목 부가 설명 p.76

1. 윈터 맨이 찬 바람을 세상에 불어야 하는 그의 임무를 다하기 위해 나갔습니다.　　[G]

2. 그는 그녀와 사랑에 빠질 수 밖에 없었습니다.　　[G]

3. 윈터 맨이 아직 겨울이라고 주장하며 한바탕 차가운 바람을 일으켰습니다.　　[P]

4. 썸머 맨은 그렇지 않다고 답하며 따뜻한 바람을 불어댔습니다.　　[P]

5. 두 정령이 다투는 동안 식물이 반복해서 얼었다 녹았다 하자 모든 사람들은 두려움에 떨었습니다.　　[P]

Organization & Summary

A 빈칸을 채워 표를 완성하세요.

원인과 결과

- 윈터 맨은 블루 콘 메이든을 그의 성에서 그와 함께 머물게 했습니다.　　　1. stay

　→ 그녀는 수프를 끓이려 돌아가고 싶었기 때문에 슬펐습니다.

　　　　　　　　　2. soup

- 블루 콘 메이든은 모든 식물이 얼음과 눈에 묻힌 것을 보았습니다. → 그녀는 윈터 맨의 성에서 불을 지폈습니다.　　3. fire

- 윈터 맨 성에서 피어 오른 불은 여름의 신호였습니다.　4. sign

　→ 썸머 맨이 왔습니다.

- 윈터 맨과 썸머 맨은 블루 콘 메이든을 두고 다투고 있었습니다.

　→ 식물은 반복해서 얼었다가 녹았습니다.

　　　　　5. frozen　6. thawed

B 빈칸을 채워 요약문을 완성하세요.

윈터 맨이 블루 콘 메이든을 자기 성으로 초대하고, 그녀를 그와 함께 머물게 했습니다. 블루 콘 메이든은 모든 식물이 얼음과 눈 속에 있는 것을 보았습니다. 그녀는 불을 지피기 시작했습니다. 윈터 맨의 성에서 피어 오른 불은 여름의 신호였기 때문에 썸머 맨이 왔습니다. 윈터 맨과 썸머 맨은 다투기 시작했습니다. 식물들이 반복해서 얼었다가 녹았습니다. 결국, 그들은 블루 콘 메이든이 일 년의 반 중 여름에는 썸머 맨과, 일년의 나머지 반은 윈터 맨과 함께 사는 것에 동의했습니다. 매년 그녀가 썸머 맨으로 가는 동안 그녀는 봄이 되었습니다.

❶ castle　　❷ argue　　❸ repeatedly

❹ agreed　　❺ half　　❻ springtime

Why We Need Fractions

| 본문 해석 | **우리에게 분수가 필요한 이유**   p.136

여러분은 수학 숙제로 분수와 씨름하고 있나요? 분수가 여러분의 인생에서 정말 그렇게 중요할까요? 여러분을 실망시켜서 미안하지만, 분수는 수학의 매우 중요한 영역입니다.

사실, 알게 모르게 우리는 매일 분수를 사용합니다. 만일 당신이 여섯 시간을 잤다면, 하루의 1/4을 잠으로 보낸 것입니다. 만일 당신이 생일 케이크를 열두 조각으로 자른다면, 각 조각은 전체 케이크의 부분입니다. 만일 당신이 악기를 연주한다면, 음악이 2분 음표, 4분 음표, 8분 음표와 같이 음표 길이를 나타내기 위해 분수를 사용한다는 것을 알 수 있습니다.

사실 fraction(분수) 단어는 '깨다'의 의미를 가진 라틴어 fractio에서 왔습니다. 기원전 1800년 전부터 이집트인들은 10의 개념에 기반한 분수를 쓰기 시작했는데, 10의 개념은 십진법과 유사합니다. 고대 문화에 걸쳐서 사람들은 전체에서 일부를 표현하기 위해 분수를 써 왔습니다. 오늘날 우리가 분수에서 두 숫자를 나누기 위해 사용하는 선을 추가한 것은 아랍인들이었습니다.

오늘날, 분명하고 간결한 설명을 제공하기 위해서 분수는 필수적입니다. 당신이 외과의사라고 생각해보세요. 당신은 수술에 필요한 정확한 계산을 하는 데 분수가 필요합니다. 만일 당신이 요리사라면, 최고의 맛을 내기 위해 재료를 측량하는 데에도 분수를 사용해야 합니다.

분수를 더 잘 이해할수록 당신은 분수를 사용하는 것이 더 편안해질 것임을 명심하세요.

| **Vocabulary 해석** |

• fraction 분수, 부분: ⓝ 하나의 숫자가 다른 숫자로 나누어지고 있음을 나타내는 숫자 • note 음표: ⓝ 하나의 음을 나타내는 기호 • based on ~에 기반을 둔: 어떤 것을 기초로 사용하는 • throughout ~내내: ⓟⓡⓔ 전체의 시간이나 상황 동안 • concise 간결한: ⓐ 불필요한 말들 없이 짧은 • surgeon 외과의사: ⓝ 병원에서 수술하는 의사 • measure 측정하다: ⓥ (어떤 것의) 크기, 길이, 양을 알아내다 • ingredient 재료: ⓝ 특정한 음식을 만드는 데 당신이 사용하는 것들

| **사진 해석** |

measuring spoons 계량 숟가락

| **Grammar Quiz: if절** |

문장 ①과 ②에서 if절을 찾으세요.
① If you slept for six hours
② If you cut a birthday cake into twelve pieces

| 배경지식 확인하기 | p.135

1. 분수는 무언가의 부분입니다.   [part]

2. 무언가가 두 개의 같은 부분으로 나뉘었다면, 각 부분은 1/2입니다.   [divided]

3. 모든 부분이 같지는 않습니다. 같은 부분들은 같은 크기입니다.   [size]

| 문제 정답 및 해석 | p.138

Comprehension Checkup

🅐 가장 알맞은 답을 고르세요.

1. 본문은 주로 무엇에 관한 글인가요?   [d]
   a. 외과의사는 왜 분수가 필요한가
   b. 단어 fraction은 무엇을 의미하는가
   c. 몇몇 학생들은 왜 분수를 공부하는가
   d. 분수의 역사와 유용함

2. 일상 생활에서 사용되는 분수의 예가 아닌 것은 어느 것인가요?
   a. 나는 샌드위치를 반으로 잘랐습니다.   [d]
   b. 나는 피아노로 음표를 연주했습니다.
   c. 나는 주로 하루의 1/3을 자는 데 씁니다.
   d. 나는 최대한 빨리 신문을 읽으려고 노력했습니다.

3. 어떤 진술이 사실이 아닌가요?   [b]
   a. 단어 fraction은 '깨다'라는 의미입니다.
   b. 십진법은 분수 체계와 유사합니다.
   c. 아랍인들은 두 숫자를 나누는 선을 추가했습니다.
   d. 이집트인들은 10의 개념의 기반을 둔 분수를 쓰기 시작했습니다.

4. 당신은 분수를 이용해서 무엇을 할 수 있나요? [b]
    a. 나는 계산과 씨름할 수 있습니다.
    b. 나는 재료를 정확하게 측량할 수 있습니다.
    c. 나는 십진법을 이해할 수 있습니다.
    d. 나는 큰 숫자들을 더하는 방법을 알 수 있습니다.

의도 파악 유형

5. 저자가 외과의사와 요리사를 언급한 이유는 무엇인가요? [d]
    a. 분수를 좀 더 자주 사용하자고 제안하기 위해
    b. 분수가 얼마나 다른 의미를 갖는지 보여주기 위해
    c. 분명한 설명을 하지 않는 전문가들을 비판하기 위해
    d. 분명한 설명을 하기 위해 분수가 얼마나 필수적인지 예를 들기 위해

쓰기 유형

B 알맞은 단어를 써 넣어 문장을 완성하세요.

6. 분수를 더 잘 이해할수록 당신은 분수를 사용하는 것이 더 편안해질 것임을 명심하세요.
[understand fractions, the more comfortable]

Vocabulary & Grammar

A 알맞은 단어를 골라 빈칸을 채우세요.

1. 분명하고 간결한 설명을 할 필요가 있을 때, 당신은 분수가 필요합니다. [concise]

2. 외과의사는 수술에 필요한 정확한 계산을 하는 데 분수를 사용합니다. [Surgeons]

3. 분수는 고대 문화에 걸쳐 사용되었습니다. [throughout]

4. 당신이 알게 모르게, 분수는 매일 사용됩니다. [fractions]

5. 이집트인들은 10의 개념의 바탕을 둔 분수를 썼습니다. [based on]

6. 요리사는 최고의 맛을 내기 위해 재료를 측량하는 데 분수가 필요합니다. [ingredients]

B 알맞은 단어를 골라 문장을 완성하세요.

> 만일 당신이 생일 케이크를 열두 조각으로 자른다면,
> 각 조각은 전체 케이크의 부분입니다. / if절

▶ **Grammar** 요목 부가 설명 p.76

1. 만일 당신이 여섯 시간을 잤다면, 하루의 1/4을 잠으로 보낸 것입니다. [spent]

2. 만일 당신이 생일 케이크를 열두 조각으로 자른다면, 각 조각은 전체 케이크의 부분입니다. [is]

3. 만일 당신이 악기를 연주한다면, 음악에 분수가 있다는 것을 알 수 있습니다. [know]

4. 만일 당신이 외과의사라면, 수술에 필요한 정확한 계산을 하는 데 분수가 필요합니다. [need]

5. 만일 당신이 요리사라면, 최고의 맛을 내기 위해 재료를 측량하는 데에도 분수가 필요합니다. [need]

Organization & Summary

A 빈칸을 채워 표를 완성하세요.

핵심 주제와 세부 사항 〈핵심 주제: 우리는 왜 분수가 필요한가〉

세부 사항 1: 일상 생활에서 분수의 사용
- 당신은 하루에 얼마나 잠을 자나요?   1. sleep
- 당신은 케이크를 몇 조각으로 잘랐나요?   2. pieces

세부 사항 2: 분수의 역사
- 기원전 1800년부터 이집트인들이 10의 개념에 바탕을 둔 분수를 쓰기 시작했습니다.   3. Egyptians
- 아랍인들은 두 숫자를 나누는 선을 추가했습니다.   4. added

세부 사항 3: 분수를 사용한 간결한 측량
- 외과의사는 수술에 필요한 정확한 계산을 하는 데 분수가 필요합니다.   5. operations
- 요리사는 최고의 맛을 내기 위해 재료를 측량하는 데 분수가 필요합니다.   6. flavors

B 빈칸을 채워 요약문을 완성하세요.

분수는 수학의 매우 중요한 부분입니다. 만일 당신이 여섯 시간을 잤다면, 당신은 하루에 1/4을 잠자는 데 보낸 것입니다. 만일 당신이 악기를 연주한다면, 음악이 2분 음표, 4분 음표, 8분 음표와 같이 음표의 길이를 나타내기 위해 분수를 사용한다는 것을 알 수 있습니다. 기원전 1800년 이집트인들은 10의 개념에 기반을 둔 분수를 사용하기 시작했습니다. 아랍인들이 현재 우리가 분수에서 두 숫자를 나누는 데 사용하는 선을 추가했습니다. 분수는 분명하고 간결한 설명을 제공하기 위해서 필수적입니다.

❶ math   ❷ instrument   ❸ quarter
❹ idea   ❺ separate   ❻ essential

| 본문 해석 | 이븐과 오드: 이상한 사촌　　p.142

이븐은 이층집에 살았습니다. 그는 털복숭이 고양이 두 마리, 솜털 가득한 개 네 마리, 멍하게 쳐다보는 금붕어 여섯 마리가 있었습니다. 이븐은 모든 것이 짝수인 것을 좋아했습니다. 이븐은 여덟 줄의 꽃이 있는 정원을 그 무엇보다도 사랑했습니다.

"그에게 이상한(odd) 구석은 없어." 이웃 사람들은 서로 이야기를 하곤 했습니다.

어느 날 그는 '최고의 정원 대회'의 참가 신청서를 받았습니다. 이븐은 큰 상을 받는 것을 꿈꿨습니다. 그러나 그의 꿈은 사촌 오드로 인해 중단되었습니다.

"아무도 없어요?" 오드가 문을 세 번, 다섯 번, 일곱 번… 두드리며 소리쳤습니다. 이븐이 문을 열자, 오드는 세발자전거와 함께 서있었습니다. "너한테 새로 산 세발자전거를 보여주려고 왔어." 오드가 말했습니다.

그리고 이븐이 알아차릴 새도 없이 오드는 바퀴 세 개가 달린 세발자전거를 타기 시작했습니다. (그는 이븐의 정원으로 곧장 내달렸습니다!) 그의 정원이 엉망진창으로 변한 것을 본 이븐의 얼굴은 빨갛게 변했습니다.

"네가 한 짓을 봐!" 이븐이 소리쳤습니다.

오드는 미안했습니다. 그래서 그는 이븐의 집을 떠나 어디론가 향했습니다.

다음 날 아침, 이븐의 얼굴은 다시 빨갛게 변했는데 그의 사촌 오드가 세 개의 뾰족하고 긴 바늘이 달린 선인장을 심고 있었기 때문입니다.

"오드, 넌 정말 이상해!" 이븐은 화가 나서 소리 질렀습니다.

바로 그때, 대회 심사위원이 정원으로 왔습니다.

"흠, 이상한 선인장이군! 정말 이상한 아이디어야!" 심사위원이 말했습니다. "그렇지만 맘에 드는걸! 우승자가 정해졌군."

그리고 그는 트윈 레이크로 가는 표 두 장을 주고 이븐의 정원을 떠났습니다.

"표 두 장으로 누구랑 여행을 가지?" 이븐이 어깨를 으쓱했습니다. "걱정하지 마!" 오드가 가방을 싸며 말했습니다.

그들은 가방을 몇 개 쌌을까요? 두 개 아니면 세 개?

| Vocabulary 해석 |

- **furry** 털이 많은: ⓐ 털로 덮인 • **stare** 응시하다: ⓥ 누군가나 무언가를 고정적으로 혹은 공허하게 보다 • **application** 신청서: ⓝ 요청할 때 쓰이는 신고서 • **interrupt** 중단시키다: ⓥ 어떤 말이나 행동으로 누군가를 막다 • **tricycle** 세발자전거: ⓝ 페달을 발로 밀면서 사람이 타는 세 개의 바퀴가 달린 탈것
- **judge** 심사위원: ⓝ 대회나 경기에서 승자를 결정하는 사람
- **shrug** 으쓱하다: ⓥ 당신이 흥미가 없다든가 무엇인가에 대해 모른다는 것을 보여주기 위해 어깨를 올리다 • **pack** (짐을) 싸다, 꾸리다: ⓥ 물건들을 용기나 가방에 넣다

| Grammar Quiz: 동사의 시제 |

문장 ①과 ②에서 동사를 모두 찾으세요.
① turned, saw, had turned　　② left, headed

| 배경지식 확인하기 | p.141

1. 일곱 번째 강아지는 7번 강아지입니다.　　[seventh]

2. 서수는 무언가의 숫자를 순서대로 부르는 것입니다.　[order]

3. 첫 번째, 두 번째, 세 번째를 제외하고 서수는 'th'로 끝납니다.
　　　　　　　　　　　　　　　　　　　[Except for]

| 문제 정답 및 해설 | p.144

Comprehension Checkup

Ⓐ 가장 알맞은 답을 고르세요.

1. 본문은 주로 무엇에 관한 글인가요?　　[c]

a. 오드는 왜 이븐을 방문했나
b. 이븐은 어떻게 그의 정원을 돌보았나
c. 오드는 어떻게 이븐이 대회에서 우승하도록 도왔나
d. 이븐과 오드가 서로 어떻게 다른가

2. 이븐의 이웃들은 그에 대해서 뭐라고 말하곤 했나요?　　[d]
a. 참 이상한 생각이야.
b. 네가 한 짓을 봐.
c. 우리는 승자가 있어.
d. 그에게 이상한 구석은 없어.

3. 이븐의 꿈은 왜 중단되었나요?　　[d]

a. 이븐이 잠에서 깨어났기 때문에

b. 이븐은 화가 났기 때문에

c. 이븐은 꽃이 없었기 때문에

d. 오드가 그의 정원을 엉망으로 만들어놨기 때문에

4. 대회의 심사위원은 이븐의 정원에 대해 어떻게 생각했나요?

  a. 그는 정원이 동등해 보였기 때문에 좋아했습니다.   [b]

  b. 그는 정원이 이상해 보였지만 좋아했습니다.

  c. 그는 정원이 이상해 보였기에 좋아하지 않았습니다.

  d. 그는 정원이 동등하지 않아서 화가 났습니다.

문장 삽입 유형

5. 다음 문장이 들어갈 위치는 어디인가요?   [b]

> 그는 이븐의 정원으로 곧장 내달렸습니다!

쓰기 유형

B 알맞은 단어를 써 넣어 문장을 완성하세요.

6. 이븐은 이층집에 살았습니다. 그는 털복숭이 고양이 두 마리, 솜털 가득한 개 네 마리, 멍하게 쳐다보는 금붕어 여섯 마리가 있었습니다. 이븐은 모든 것이 짝수인 것을 좋아했습니다.

[loved everything to be even]

Vocabulary & Grammar

A 알맞은 단어를 골라 빈칸을 채우세요.

1. "표 두 장으로 누구랑 여행을 가지?" 이븐이 어깨를 으쓱했습니다.   [shrugged]

2. 이븐은 '최고의 정원 대회'의 참가 신청서를 받았습니다.   [application]

3. 그들은 가방을 몇 개 쌌을까요? 두 개 아니면 세 개? [pack]

4. 그의 꿈은 사촌 오드로 인해 중단되었습니다. [interrupted]

5. "너한테 새로 산 세발자전거를 보여주려고 왔어." 오드가 말했습니다.   [tricycle]

6. 이븐은 이층집에서 털복숭이 고양이 두 마리를 키웠습니다.   [furry]

B 알맞은 단어를 골라 문장을 완성하세요.

> 그의 정원이 엉망진창으로 변한 것을 본 이븐의 얼굴은
> 빨갛게 변했습니다. / 동사의 시제

▶ **Grammar** 요목 부가 설명 p.76

1. "너한테 새로 산 세발자전거를 보여주려고 왔어." 오드가 말했습니다.   [am]

2. "네가 한 짓을 봐!" 이븐이 소리쳤습니다.   [cried]

3. 그의 정원이 엉망진창으로 변한 것을 본 이븐의 얼굴은 빨갛게 변했습니다.   [had turned]

4. 그는 이븐의 집을 떠나 어디론가 향했습니다.   [headed]

5. 다음 날 아침, 이븐의 얼굴은 다시 빨갛게 변했는데 그의 사촌 오드가 세 개의 뾰족하고 긴 바늘이 달린 선인장을 심고 있었기 때문입니다.   [was planting]

Organization & Summary

A 문장을 순서대로 배열하세요.

순서

이븐은 이층집에 살았습니다. 그에게 이상한 것은 없었습니다. → 이븐은 '최고의 정원 대회'의 신청서를 받았습니다. 그는 상을 받는 것을 꿈꿨습니다. → 이븐의 사촌 오드가 세발자전거를 타고 그를 방문했습니다. → 오드는 이븐의 정원에서 달렸습니다. 이븐은 그의 정원이 엉망으로 변한 것을 보고 얼굴이 빨갛게 변했습니다. → 이븐이 오드가 세 개의 길고 뾰족한 바늘이 있는 선인장을 그의 정원에 심는 것을 보았을 때, 그는 화가 나서 소리쳤습니다. → 대회 심사위원이 정원으로 와서 그는 말했습니다. "이상한 선인장이야! 그렇지만 맘에 드는걸! 우승자가 정해졌군." → 대회 심사위원은 이븐에게 트윈 레이크로 가는 표 두 장을 건네주었습니다.

[1, 3, 7, 5, 4, 6, 2]

B 빈칸을 채워 요약문을 완성하세요.

이븐은 짝수인 것은 모두 좋아했습니다. 어느 날 이븐은 '최고의 정원 대회'의 참가 신청서를 받았습니다. 이븐은 큰 상을 받는 것을 꿈꿨습니다. 곧 그의 사촌 오드가 왔습니다. 그는 세발자전거를 타기 시작했고, 이븐의 정원으로 곧장 내달려 갔습니다. 그의 정원은 엉망진창이 되었습니다. 다음 날 아침, 이븐의 정원은 오드가 세 개의 뾰족하고 긴 바늘이 달린 선인장을 심어놓는 바람에 이상하게 보였습니다. 그때 대회 심사위원이 정원으로 왔습니다. 그는 이상한 선인장들을 이상한 아이디어라고 생각했습니다. 그러나 그는 그것이 마음에 들었습니다. 심사위원은 이븐에게 트윈 레이크로 가는 표 두 장을 건네주었습니다.

❶ even   ❷ dreamed   ❸ cousin

❹ mess   ❺ judge   ❻ handed

A 알맞은 단어를 골라 문장을 완성하세요.

1. 토네이도는 아주 파괴적이고 심지어 치명적 입니다. [c]
   a. 높은   **b.** 편리한
   c. 파괴적인   **d.** 초과한

2. 토네이도는 보통 개별적으로 짧은 시간 내에 발생합니다. [d]
   a. 단단하게   **b.** 과도하게
   c. 대개   **d.** 개별적으로

3. 54개 토네이도의 발생 또한 이틀 내에 일어났습니다. [a]
   a. 발생   **b.** 경로
   c. 중심   **d.** 나무의 몸통

4. 자동차와 공장으로부터의 대기 오염은 햇빛의 열을 가둡니다. [a]
   a. 가두다   **b.** 오염시키다
   c. 스며들다   **d.** ~하는 경향이 있다

5. 조류가 죽으면, 바닥으로 가라앉고 부패합니다. [b]
   a. 적응하다   **b.** 부패하다
   c. 유발하다   **d.** 흡수하다

6. 이 땅 덩어리는 북극해를 둘러싸고 있습니다. [d]
   a. 예방하다   **b.** 여행하다, 이동하다
   c. ~으로 구성되다   **d.** 둘러싸다

7. 북극의 동물들은 두꺼운 털이나 깃털을 갖고 있어 단열층을 제공합니다. [c]
   a. 섬유질의   **b.** 똑바로
   c. 단열의   **d.** 얼어붙은

8. 뿌리털이라 불리는 미세한 뿌리가 토양을 뚫고 뻗어 나가 물을 흡수합니다. [b]
   a. 붙잡다   **b.** 가지를 뻗다
   c. 서다   **d.** 보내다

9. 곧은 뿌리는 땅속으로 똑바로 자랍니다. [a]
   a. 똑바로   **b.** 개별적으로
   c. 일반적으로   **d.** 빠르게

10. 야자수는 키가 크고 가는 몸통을 갖고 있습니다. [c]
   a. 역할   **b.** 닻
   c. 나무의 몸통   **d.** 방향

B 밑줄 친 부분을 알맞게 고쳐 쓰세요.

1. 토네이도는 아주 넓지 않고, 오래 지속되지 않습니다.
                               [very wide]

2. 토네이도는 일반적으로 넓은 저기압계 내에서 생겨납니다.
                              [typically]

3. 대기 오염은 사람들이 숨 쉬는 것을 힘들게 합니다. [it hard]

4. 가둬진 열은 지구를 더 따뜻하게 만듭니다.
                        [the earth warmer]

5. 북극에는 땅 자체가 없고 단지 얼어붙은 바닷물이 있을 뿐입니다. [no]

6. 대부분의 육지 동물은 온혈 포유류와 조류입니다. [Most of]

7. 그곳에는 곤충은 거의 없습니다. [few]

8. 뿌리가 없으면, 식물은 바람에 날려갈 수도 있습니다.
                             [be blown]

9. 물과 무기질은 관을 통해 식물의 모든 잎으로 보내집니다.
                            [are sent]

10. 이 뿌리들은 땅속과 식물에서 멀리 떨어진 곳의 물 한 방울까지 찾아냅니다. [find]

A 알맞은 단어를 골라 문장을 완성하세요.

1. 모든 개미들은 사회적 곤충입니다. 개미들은 군집으로 생활합니다. [b]
   a. 대륙   b. 군집
   c. 알   d. 경계

2. 여왕개미는 날개를 달고 태어나는데, 짝짓기를 하는 동안 날개를 사용합니다. [c]
   a. 방어하는   b. 넓히는
   c. 짝짓기하는   d. 사냥하는

3. 병정개미는 종종 다른 군집을 침입하고 노예를 잡아 옵니다.
   a. 침입하다   b. 모으다   [a]
   c. 날다   d. (시간을) 쓰다, 보내다

4. 블랙홀은 아주 밀도가 높아서 우주 물질을 영원히 가둘 수 있습니다. [d]
   a. 녹은   b. 엄청난
   c. 넓은   d. 밀도가 높은

5. 천문학자들은 블랙홀 부근의 별을 관찰함으로써 블랙홀의 위치를 찾아낼 수 있습니다. [c]
   a. 현미경   b. 일꾼
   c. 천문학자   d. 은하계

6. 지진의 원인에 대한 가장 과학적으로 문서로 기록된 이론은 '판 구조론'입니다. [a]
   a. 문서로 기록된   b. 꾸준한
   c. 발생하는   d. 파괴적인

7. 지진이 판 경계에서 발생할 때, 엄청난 충격이 지각을 때립니다.
   a. 틈   b. 움직임   [c]
   c. 충격   d. 나라

8. 우리는 지진을 견딜 수 있는 더 강한 건물을 짓는 방법을 연구할 필요가 있습니다. [d]
   a. 진동하다   b. 줄이다
   c. 예방하다   d. 견뎌 내다

9. 물질의 강도는 원자가 어떻게 배열되었는지에 달려있습니다.
   a. 만져진   b. 배열된   [b]
   c. 사용된   d. 형성된

10. 원자는 아주 작아서 그것을 보기 위해서 당신은 특별한 현미경이 필요합니다. [c]
   a. 감각   b. 종이
   c. 현미경   d. 금속

B 밑줄 친 부분을 알맞게 고쳐 쓰세요.

1. 그것(여왕개미)은 날개를 잃고 알을 낳는 데에 일생을 보냅니다. [laying]

2. 그것(수개미)의 할 일은 바깥으로 날아가서 다른 군집의 날개가 달린 여왕개미와 짝짓기를 하는 것입니다. [mating]

3. 과학자들은 블랙홀이 형성될 수 있는 두 가지 방법이 있다고 생각합니다. [form]

4. 그것은 스스로 붕괴하고 거대한 블랙홀을 형성할 수 있습니다. [collapse]

5. 지각 아래는 맨틀입니다. [Under]

6. 이곳의 암석 물질은 지구 핵으로부터의 열기로 인해 용해되어 있습니다. [from]

7. 열기가 높아지면서, 맨틀은 융기하고 지각의 바닥을 밀어 올립니다. [against]

8. 화산 근처에는 지진이 있을 수 있습니다. [be]

9. 당신은 종이는 약하고 금속과 나무는 강하다는 것을 알고 있습니다. [strong]

10. 물질은 물리적으로나 화학적으로 변할 수 있습니다. [physically or chemically]

A 알맞은 단어를 골라 문장을 완성하세요.

1. 바위투성이 풍경의 규모는 숨이 멎을 정도입니다. [c]
   a. 외딴 **b.** 믿을만한
   c. 숨이 멎을 듯한 **d.** 몇몇의

2. 이 협곡은 다양한 고도에 걸쳐 있어서 많은 서식지를 가지고 있습니다. [a]
   a. 고도 **b.** 종
   c. 층 **d.** 집단

3. 수천 마리의 박쥐와 캘리포니아 콘도르가 사막 하늘 위를 배회합니다. [d]
   a. 오르다 **b.** 택하다
   c. 지정하다 **d.** 배회하다

4. 많은 비평가들은 그것이 도시의 우아한 특징을 반영하지 못한다고 주장했습니다. [a]
   a. 비평가 **b.** 경쟁
   c. 기념식 **d.** 상징

5. 그 탑은 엄청난 크기와 철 구조 때문에 철거가 불가능했습니다.
   a. 중간의 **b.** 엄청난 [b]
   c. 수많은 **d.** 존경받는

6. 결국 시 공무원들은 탑을 남겨두기로 했습니다. [c]
   a. 찢었다 **b.** 가정했다
   c. 택했다 **d.** 고려했다

7. 왓슨의 고용주인 알렉산더 그레이엄 벨은 그의 발명품 앞에 앉아 있었습니다. [d]
   a. 가느다란 줄 **b.** 목소리
   c. 실험실 **d.** 고용주

8. 벨 자신은 전화 사업에 참여하지 않았습니다. [a]
   a. 참여하다 **b.** 해체하다
   c. 관심 있는 **d.** 진동하다

9. 헨리 포드는 자동차의 기능을 향상시키기 위해 끊임없이 일했습니다. [b]
   a. 생산하다 **b.** 향상시키다
   c. 제조하다 **d.** 이동하다

10. 모델 T는 대중의 관심을 끌기 위해 특별히 설계되었습니다. [b]
   a. 비싸게 **b.** 특별히
   c. 자연적으로 **d.** 거의

B 밑줄 친 부분을 알맞게 고쳐 쓰세요.

1. 정상 근처는 가장 서늘한 지역으로 가문비나무와 미루나무가 있습니다. [it is]

2. 협곡의 바닥은 사막과 같은 곳으로 가장 흔한 식물은 선인장입니다. [where]

3. 에펠탑은 프랑스 혁명 100주년을 기념했습니다.
   [the 100th year anniversary of the French]

4. 많은 비평가들이 그것은 도시의 우아한 특징을 반영하지 못한다고 주장했습니다. [the city's elegant character]

5. 그 탑은 라디오 방송에 사용되기 시작했습니다.
   [to be used]

6. 이 말은 전화기를 통해 언급된 최초의 말이었습니다.
   [spoken]

7. 1877년 말에 '벨 전화 회사'가 설립되었습니다. [formed]

8. 포드는 농사 짓는 집안에서 태어났습니다. [farming]

9. 초기 단계의 몇몇 자동차들이 유럽과 미국에서 사용되고 있었습니다. [being]

10. 그는 이동 벨트를 따라 자동차가 움직이면 각각의 노동자가 하나의 단순 작업을 하는 효율적인 조립 공정을 개발하였습니다.
   [moving]

A 알맞은 단어를 골라 문장을 완성하세요.

1. 부산스러운 번영한 도시 폼페이는 한번에 완전히 파괴되었습니다. [b]
   a. 장식된   b. 번영한
   c. 나무로 만들어진   d. 처참한

2. 화산재 층은 사람들의 집과 가구, 소유물을 봉인했습니다. [a]
   a. 봉인했다   b. 팠다
   c. 머물렀다   d. 구웠다

3. 이탈리아 고고학자들이 폐허를 보존하기 위해 발굴의 책임을 지기 시작했습니다. [b]
   a. 재   b. 고고학자
   c. 거주민   d. 결과

4. 거리를 덮은 아스팔트는 휘어지고 쌓였습니다. [d]
   a. ~에 이르렀다   b. 지속되었다
   c. 기록했다   d. 휘어졌다

5. 도시의 소방서장은 떨어지는 잔해의 첫 번째 희생자였습니다.
   a. 관   b. 대대적인 파괴   [d]
   c. 연구   d. 희생자

6. 그 지진의 중요성은 그것에서 파생된 풍부한 과학적 지식에서 비롯됩니다. [a]
   a. 파생된   b. 도운
   c. 발생된   d. 흔들린

7. 어떤 나라들은 해달을 더는 사냥하지 않기로 조약에 서명했습니다. [c]
   a. 구역   b. 화약
   c. 조약   d. 위협

8. 멸종 위기의 동물을 보호하기 위해서는 사람들의 많은 노력과 협력이 필요합니다. [b]
   a. 덫   b. 협력
   c. 집   d. 둥지

9. 브라질 국기의 별들은 주와 연방자치구를 나타냅니다. [a]
   a. 구역   b. 종교
   c. 믿음   d. 별자리

10. 베트남 국기의 별은 나라를 건설한 사람들의 통합을 나타냅니다. [c]
    a. 털   b. 잔해
    c. 통합   d. 소유물

B 밑줄 친 부분을 알맞게 고쳐 쓰세요.

1. 땅 속에 묻혀 있던 폼페이가 살아 돌아 왔습니다.
   [which was(삭제)]

2. 그림과 모자이크로 장식된 벽과 바닥도 살아났습니다.
   [which were(삭제)]

3. 도시 전체를 뒤흔들었던 지진은 마침내 끝이 났습니다.
   [which(that)]

4. 거리를 덮고 있던 아스팔트는 휘어지고 쌓였습니다.
   [which(that)]

5. 그것은 피해가 사진으로 기록된 최초의 거대한 자연재해였습니다.
   [whose]

6. 캘리포니아 콘도르는 독수리와 비슷하게 보이는 큰 새입니다.
   [which(that)]

7. 콘도르는 사냥꾼들이 죽인 동물을 먹었습니다.
   [which(that/삭제)]

8. 동물 몸 속에 남아 있던 화약은 콘도르를 아프게 만들었습니다.
   [made]

9. 미국 국기는 오늘날 미국에 있는 주의 개수를 나타내는 50개의 별이 있습니다.
   [represent]

10. 베트남 국기에도 하나의 노란색 별이 있습니다. [is]

A 알맞은 단어를 골라 문장을 완성하세요.

1. 악어들은 사냥꾼을 해치지 않겠다고 눈물을 흘리며 맹세했습니다.   [b]
   a. 지나갔다   b. 눈물을 흘렸다
   c. 동의했다   d. 갔다

2. 사냥꾼은 악어들에게 약속을 상기시켰고 옳고 그름을 따졌습니다.   [a]
   a. 상기시켰다   b. 느꼈다
   c. 묶었다   d. 옮겼다

3. 윈터 맨은 세상에 겨울을 가져다 주는 정령이었습니다.   [d]
   a. 계절   b. 신호
   c. 강한 바람   d. 정령

4. 윈터 맨은 찬 바람을 세상에 불어야 하는 그의 임무를 다하기 위해 밖으로 나갔습니다.   [c]
   a. 성   b. 턱
   c. 임무   d. 나무장작

5. 썸머 맨은 그녀와 사랑에 빠질 수 밖에 없었습니다.   [b]
   a. 주장하다   b. 돕다
   c. 다투다   d. 살다

6. 이집트인들은 10의 개념에 바탕을 둔 분수를 쓰기 시작했습니다.   [d]
   a. 향한   b. 떤
   c. 들어올린   d. ~에 바탕을 둔

7. 분수는 분명하고 간결한 설명을 위해 필수적입니다.   [a]
   a. 간결한   b. 1/4의
   c. 털이 많은   d. 이상한

8. 고대 문화에 걸쳐서 사람들은 전체에서 일부를 표현하기 위해 분수를 써 왔습니다.   [d]
   a. ~에 반대하여   b. ~후에
   c. 무렵   d. ~에 걸쳐

9. 이븐의 꿈은 오드로 인해 중단되었습니다.   [b]
   a. 구른   b. 중단된
   c. 건네받은   d. 남겨진

10. "표 두 장으로 누구랑 여행을 가지?" 이븐이 어깨를 으쓱했습니다.   [a]
    a. 어깨를 으쓱했다   b. 심었다
    c. 받았다   d. 해동시켰다

B 밑줄 친 부분을 알맞게 고쳐 쓰세요.

1. 하루 종일 아무것도 먹지 못한 악어들이 있었습니다. [eaten]

2. 사냥꾼과 악어들은 토끼에게 그들이 어떻게 강으로 왔었는지 보여주기로 동의했습니다.   [had come]

3. 그들은 그들이 만났었던 곳으로 돌아왔습니다.   [met]

4. 얼음과 눈 아래에 있는 식물을 보고 그녀는 윈터 맨의 성에서 불을 지피기 시작했습니다.   [Seeing]

5. 윈터 맨은 여전히 겨울이라고 주장하면서 차가운 바람을 불어 댔습니다.   [insisting]

6. 만약 당신이 6시간을 잤다면, 당신은 하루의 1/4를 자는 데에 보낸 것입니다.   [spent]

7. 만약 당신이 요리사라면, 최고의 맛을 내기 위해 재료를 측량하는 데에 분수가 필요할 것입니다.   [need]

8. 그의 정원이 엉망진창으로 변한 것을 본 이븐의 얼굴은 빨갛게 변했습니다.   [had turned]

9. "네가 한 짓을 봐!" 이븐이 소리쳤습니다.   [have done]

10. 오드가 세 개의 긴 가시가 있는 선인장을 심고 있었기 때문에 이븐의 얼굴은 또 다시 빨갛게 변했습니다.   [turned]

Grammar 요목 부가 설명

Unit 1 Tornadoes: Severe Thunderstorms

부사

부사는 동사, 형용사, 다른 부사, 문장 전체를 수식하며 그 의미를 더 풍성하게 해줍니다. '동사+ing' 형태인 현재분사는 형용사처럼 쓰이기 때문에 부사가 그 앞에 위치하여 현재분사를 수식할 수 있습니다. 부사가 동사를 수식할 때에는 동사 앞이나 뒤에 올 수 있습니다.

Unit 2 Different Types of Pollution

동사 make

동사 make가 'A를 B하게 만들다'라는 의미로 쓰일 때는 'make+목적어(A)+목적격 보어(B)' 구조인 5형식 문장을 만듭니다. 이때, 목적격 보어 자리에는 형용사나 원형부정사(to 없이 동사원형 형태로 쓰이는 부정사)가 와야 합니다.

Unit 3 Life in the Polar Regions

수를 나타내는 형용사

no는 단수나 복수 앞에 쓰이며 '하나도 ~없는'의 의미입니다. a few는 '약간 있는'의 의미로 뒤에는 복수 명사가 옵니다. few는 '거의 없는'의 의미로 마찬가지로 복수 명사가 따라나옵니다. most of는 '대부분의'란 의미로 most에 비해 좀더 작은 집단이나 특정 집단에 관계된 느낌을 주기 때문에 most of 뒤에는 한정 짓는 역할을 하는 the나 소유격 대명사가 나옵니다.

Unit 4 What Roots Do

수동태

수동태는 'be동사+p.p.'의 형태로 주어가 동사의 영향을 받을 때 쓰입니다. 조동사가 있는 경우의 수동태는 '조동사+be+p.p.'입니다. 접속사로 여러 수동태 동사구가 연결되거나 주격 관계대명사가 있는 경우에 유의합니다.

Unit 5 Ants Are Social Insects

동명사

동명사는 '동사원형+ing'의 형태로 명사처럼 쓰이며 '~하는 것'으로 해석합니다. 동명사는 동사의 목적어, 전치사의 목적어, 주어 등으로 쓰일 수 있습니다. spend와 같이 동명사를 목적어로 갖는 동사들이 있습니다.

Unit 6 Black Holes

조동사 can

조동사 can은 동사원형 앞에 쓰여 '~할 가능성이 있는', '~할 수 있는'의 의미를 나타냅니다. 문맥에 맞게 의미 파악에 유의합니다.

Unit 7 The Causes of Earthquakes

전치사: with, from, against, under

전치사는 명사 앞에 위치하여 시간이나 장소, 방향 등을 나타내는 역할을 합니다. with는 '함께 있는 상태, 수단, 도구, 특성'을 나타내며, from은 '~로부터'라는 의미로 진행 방향이 '역'방향이라고 생각하면 됩니다. against는 '~에 반대하여, ~에 맞서서', under는 '~아래에'라는 의미를 나타냅니다.

Unit 8 Everything Is Matter

형용사 vs. 부사

형용사는 명사를 수식하거나 보어 역할을 하여 주어나 목적어를 설명하는 역할을 합니다. '~한, ~는'으로 해석합니다. 부사는 '~히, ~하게'로 해석하며 동사, 형용사, 다른 부사, 문장 전체를 수식합니다. 밑줄 친 단어가 문장에서 어떤 역할을 하는지, 무엇을 수식하는지에 유의해야 합니다.

Unit 9 The Grand Canyon

관계부사 where

관계부사는 문장과 문장의 관계를 이어주는 접속사의 역할을 하며, 부사의 역할도 합니다. 관계부사가 이끄는 절은 부족한 문장성분 없이 완벽한 절이어야 합니다. 관계부사가 설명하는 선행사의 종류에 따라 쓰이는 관계부사가 달라지는데, where(장소), when(시간), why(이유) how(방법)이 대표적인 관계부사입니다.

Unit 10 The Eiffel Tower

목적어가 필요한 동사

목적어 없이 주어와 동사만으로 문장이 완성되는 live, rise 등과 같은 동사들도 있습니다. 반면, 목적어가 반드시 필요한 동사들이 있는데, celebrate, have, reflect와 같은 동사들은 목적어가 명사(구) 형태인 것이 일반적입니다. claim과 같은 동사는 주로 that이 이끄는 명사절이 목적어로 옵니다. begin은 목적어가 필요 없는 경우도 있고, to부정사 형태의 목적어를 갖기도 합니다.

Unit 11 Inventing the Telephone

과거분사

과거분사는 명사 앞에 위치하여 명사를 수식하는 역할을 하며 '~된, ~되어진'으로 수동의 의미를 나타냅니다. 과거분사는 또한 be동사와 함께 쓰이면 수동태를 만들고, have/had와 함께 쓰이면 현재완료/과거완료 시제를 나타냅니다.

Unit 12 Henry Ford: An Icon of the Modern Automobile

현재분사

현재분사는 명사 앞에 위치하여 명사를 수식하는 역할을 하며 '~하는, ~하고 있는'으로 능동과 진행의 의미를 나타냅니다. 현재분사는 또한 be동사와 함께 쓰이면 현재진행/과거진행 시제를 나타냅니다.

Unit 13 Pompeii Comes Alive

'관계대명사+be동사' 생략

주격 관계대명사는 선행사에 따라 who(사람 선행사), which(물건, 동물 선행사), that(모든 선행사)가 쓰입니다. 주격 관계대명사 뒤에 be동사가 바로 나오는 경우 '관계대명사+be동사'를 생략할 수 있습니다.

Unit 14 A Great Earthquake Hits San Francisco

관계대명사

관계대명사가 이끄는 절에서 어떤 문장 성분이 빠져있는지를 살펴보면 관계대명사의 역할을 알 수 있습니다. 주격 관계대명사의 경우 그 뒤에 동사가 바로 이어져 나오면서 관계대명사의 선행사가 관계대명사절의 주어 역할을 함을 알 수 있습니다. 소유격 관계대명사 whose는 whose 바로 뒤에 나오는 명사가 선행사의 소유임을 나타냅니다. 관계사 절 앞에 쉼표를 넣어 앞 문장 전체에 대한 추가적인 설명을 하는 것을 관계대명사의 계속적 용법이라 합니다. that은 계속적 용법으로 쓰일 수 없습니다.

Unit 15 Endangered Animals

관계대명사 that

관계대명사 that은 주격, 목적격으로 쓰일 수 있으며, 사람, 동물 모든 선행사와 함께 쓰일 수 있습니다. that이 주격 관계대명사로 쓰이면 뒤에 동사가 나오고, 목적격 관계대명사로 쓰이면 목적어가 빠진 절이 이어집니다. 목적격 관계대명사 that은 생략할 수 있습니다.

Unit 16 Stars on Flags

관계절에서 주어와 동사의 수일치

주격 관계대명사가 이끄는 절에서 주어는 관계대명사가 지칭하는 선행사이며, 동사는 관계대명사 바로 뒤에 나오는 동사입니다. 선행사와 관계절의 동사는 수가 일치해야 함에 유의합니다.

Unit 17 The Hunter and the Crocodiles

과거완료

과거완료는 과거 특정 시점보다 이전에 이미 있었던 상태나 일어난 일을 나타냅니다. 즉, 과거 이전에 일어난 행위나 상태가 과거에 영향을 주는 것입니다. 'had+p.p.'의 형태이며, 부정형은 'had+not+p.p.'입니다.

Unit 18 How Springtime Comes

동명사 vs. 현재분사

동명사와 현재분사는 '동사원형+ing'로 형태는 같지만 쓰임이 다릅니다. 동명사는 명사처럼 쓰여 주어, 동사나 전치사의 목적어 역할을 합니다. '~하는 것'으로 해석할 수 있습니다. 현재분사는 형용사처럼 쓰여 '~하는'의 의미로 명사(구)를 수식하거나, 현재진행·과거진행을 만듭니다. 종속 접속사 while이 이끄는 절(clause)을 구(phrase)로 만들려면 주어를 삭제하고 동사를 현재분사로 만듭니다.

Unit 19 Why We Need Fractions

if절

if절이 가정을 하는 조건절로 쓰이는 경우들 중에서, 'If+주어+동사의 현재형~, 주어+동사의 현재형…'은 현재에 있을 법한 일을 가정하는 것으로 '만약 주어가 ~한다면, …이다.'의 의미입니다. 'If+주어+동사의 과거형~, 주어+동사의 과거형…'은 과거에 실제 일어난 사실이나 일어났을 법한 일을 가정하는 것으로 '만약 주어가 ~했다면, …이었다.'의 의미입니다.

Unit 20 Even and Odd: Strange Cousins

동사의 시제

한 문장 내에서 동사 여러 개가 있을 때, 문맥을 파악하여 시제를 알맞게 써야 합니다. 보통은 시제를 일치시키지만, 특정 동작이나 상황보다 이전에 일어난 것인지, 특정 시점에서 진행 중인 것인지, 특정 시점에서 완료된 것인지 등에 유의해야 합니다.

미국교과서 READING Level 5 권별 리딩 주제

1권 5.1

1. Earth's Land
2. Earth's Water
3. Animals
4. Earth's Land
5. Animals
6. Our Earth
7. Weather
8. Forces and Energy
9. Earth's Physical Geography
10. American History
11. Figures in American History
12. Figures in American History
13. Cultures in the United Statesd
14. American History
15. Community
16. World History
17. Folktale
18. Myth
19. Numbers
20. Counting

2권 5.2

1. Weather and Climate
2. Seasons
3. Ecosystems
4. Plants
5. Animals
6. The Solar System
7. Geology
8. Matter
9. Earth's Physical Geography
10. World History
11. Figures in American History
12. Figures in American History
13. American History
14. American History
15. Environment
16. Culture
17. Legend
18. Folktale
19. Estimation
20. Counting

3권 5.3

1. Weather and Climate
2. Environment
3. Living Things
4. Plants
5. Animals
6. The Solar System
7. Geology
8. Matter
9. Earth's Physical Geography
10. World History
11. Figures in American History
12. American History
13. World History
14. Natural Disasters
15. Environment
16. Culture
17. Fiction
18. Folktale
19. Fractions
20. Numbers